VALORES FAMILIARES EN RIESGO

JR GONDECK
VANESSA N. MARTINEZ

VALORES FAMILIARES

— EN —

RIESGO

COMUNICACIÓN INCLUSIVA PARA TRANSMITIR EL
PATRIMONIO Y EL LEGADO DE TU FAMILIA

ForbesBooks

Publicado por ForbesBooks, Charleston, South Carolina.
Miembro de Advantage Media Group.

ForbesBooks es una marca comercial registrada y el colofón de ForbesBooks es una marca comercial registrada de Forbes Media, LLC.

Impreso en los Estados Unidos de América.

10 9 8 7 6 5 4 3 2 1

ISBN: 978-1-950863-81-5
LCCN: 2021905269

Diseño de tapa por George Stevens.
Diseño de maquetación por Carly Blake.

El objetivo de esta publicación por encargo es proporcionar información exacta y exponer las opiniones de los autores con respecto al tema tratado. Se vende bajo el entendimiento de que la editorial, Advantage|FobesBooks, no proporciona servicios legales, financieros o profesionales de ningún tipo. En caso de requerir asesoramiento legal o cualquier otro tipo de asistencia especializada, se aconseja al lector a buscar los servicios de un profesional competente.

Advantage Media Group se enorgullece de ser parte del programa Tree Neutral®. Tree Neutral compensa la cantidad de árboles que se consumen en la producción e impresión de este libro tomando pasos proactivos como plantar árboles en directa proporción a la cantidad de árboles que se usan para imprimir libros. Para obtener más información sobre Tree Neutral, visita **www.treeneutral.com**.

Desde 1917, Forbes se ha mantenido firme en su misión de servir como una voz determinante del capitalismo empresarial. ForbesBooks, lanzado en 2016 a través de una asociación con Advantage Media Group, profundiza ese objetivo al ayudar a que negocios y líderes intelectuales presenten sus historias, su pasión y su conocimiento al mundo mediante libros por encargo. Las opiniones expresadas por los autores de ForbesBooks son personales. Para ser considerado para publicación, visita **www.forbesbooks.com**.

Este libro, y honestamente, el lugar en el que nos encontramos hoy, no hubieran sido posibles sin nuestras familias.

JR y yo creemos firmemente que una familia está compuesta por las personas que cuidas y a quienes quieres, aquellos que te necesitan y, aún más importante, que tú necesitas.

Agradecemos a nuestras familias tanto en casa como en el trabajo y a las familias que compartieron sus experiencias con nosotros.

ÍNDICE

PRÓLOGO

POR MARK TIBERGIEN

Hoy en día, cuando leo libros acerca de finanzas personales, me encuentro atraído por autores que se centran en las vidas de los individuos y no en sus carteras de activos. He dicho a menudo que son más importantes las decisiones que toman las personas que el dinero que ganan.

Lo que me atrae del trabajo de JR y Vanessa es su enfoque en la dinámica familiar, la relación de los cónyuges, la conectividad entre sus decisiones y su paz mental.

Es posible que nuestras filosofías estén interrelacionadas debido a haber crecido de forma bastante similar en el centro de los Estados Unidos. Yo también soy hijo de inmigrantes, como Vanessa, y el producto de una vida rural, como JR. Crecí en la Península superior de Michigan, no muy lejos del pueblo natal de JR en Oconto, WI. Oconto era parte del territorio de mi padre como vendedor de suministros de construcción para una empresa con sede central en Green Bay. Cuando era un joven adulto, me mudé a Chicago, de donde proviene Vanessa. Mi familia, seguidora apasionada de los Packers, se burló de mí por mudarme tan cerca del hogar de los Bears, recordándome que tenía una conexión con el estadio Lambeau Field tanto por ser del Centro de los Estados Unidos como por ser belga.

Haberme criado entre granjeros, mineros, leñadores y trabajadores de papeleras me ayuda a apreciar el enfoque que toman JR y Vanessa en su narrativa. Mi madre murió de polio cuando yo tenía seis meses y mi padre quedó solo criándonos a mis dos hermanos mayores y a mí, con la ayuda de sus padres, nuestras tías, tíos y un misionario católico local. Realmente fuimos criados por el pueblo. Con el tiempo, mi padre volvió a casarse, pero murió antes que ella después de perder todo lo que tenían para su retiro debido al huracán Katrina. Mi madrastra sigue viva con mucho amor a la vida y un poco de ayuda de sus hijos, pero probablemente esta no sea la situación que mi padre deseaba y soñaba para ella. Tanto las circunstancias desafortunadas como las decisiones que tomaron respecto de su bienestar financiero me ayudaron a ser más consciente respeto de cómo mi esposa y yo debíamos vivir el último tercio de nuestras vidas.

Mis primeras experiencias también me instaron a respaldar vigorosamente la educación financiera. Cuando era joven, ni el sexo ni las finanzas eran temas que los padres discutieran con sus hijos. Para bien o para mal, logré aprender en forma autodidacta sobre ambos, pero no sin algunos errores. Mi deseo es que los niños aprendan a gestionar la toma de decisiones en torno a realizar compras, obtener un lugar para vivir y administrar el transporte y el financiamiento de su educación al terminar el secundario sin caer en complejas trampas financieras. Es por eso que ayudo a financiar un campamento de verano y un programa anual sobre asesoramiento financiero en mi pueblo natal, Gladstone, MI.

Lo que es particularmente inspirador acerca de estas clases es cómo los estudios conectan a los padres con las lecciones que aprenden sus hijos acerca de las finanzas personales. Les da una base para conversar acerca de por qué compran o arrendan, son propietarios o alquilan, piden prestado o guardan ahorros.

Eventualmente, tanto padres como hijos buscarán asesores financieros, como JR y Vanessa, para que les ayuden a navegar las complejidades de la vida. Mientras tanto, este libro les ayudará a encuadrar estas elecciones.

Las lecciones y valores que Vanessa y JR transmiten a través de su trabajo ayudan a que más familias transiten el camino de la independencia financiera y la paz mental. Fue gratificante leer un libro sobre finanzas personales que hace énfasis en los objetivos en vez de en el rendimiento del capital invertido. También es muy alentador verlos promover la transparencia, la comunicación y la construcción de confianza como claves para alcanzar la armonía.

Atentamente,

Mark Tibergien
Miembro del consejo, asesor empresarial y orador
Mark Tibergien Insights, LLC

PRÓLOGO

POR SUZANNE SIRACUSE

E stoy encantada de escribir este prólogo, primero y principal, porque realmente adhiero a la idea de que un enfoque integral a la administración patrimonial e involucrar a todos los miembros de una familia en la discusión es crítico para el éxito general de cualquier plan financiero verdaderamente eficaz. Segundo, por la dedicación que Vanessa y JR demuestran para con su profesión, su firma y sus clientes.

He pasado la mayor parte de mi carrera trabajando en la industria del asesoramiento financiero y he conocido a miles de asesores a lo largo de los años. Algunos realmente llamaron mi atención, y Vanessa fue una de ellos. Me sentí inmediatamente atraída a la filosofía general sólida tanto de ella como de su compañero, JR, de trabajar con las familias en vez de solo con un miembro de la casa y me impresionó su pasión, su objetivo y su ímpetu. Además, me podía identificar personalmente con lo que hacían.

Desde muy joven creo que los asesores financieros pueden ayudar significativamente con la administración de inversiones y la planificación de retiro. A mis veinte, contraté los servicios de un asesor. En ese momento estaba soltera y no tenía mucho dinero ahorrado, pero creía que esto era algo que debía hacer. Nuestras discusiones se centraron principalmente en unas pocas inversiones y en cómo podía hacerlas crecer y protegerlas. Mis necesidades cambiaron con el pasar de los años, al igual que lo que necesitaba de un asesor.

Mi equipo de asesoramiento actual me ha acompañado a lo largo de distintas etapas de mi vida: cuando alcancé un determinado umbral financiero, durante mi matrimonio, la muerte de mi padre (que manejaba las finanzas de mis padres), a través de las decisiones sobre cuidados para mi madre, cuando hizo falta establecer un testamento y un apoderado para decisiones médicas y, recientemente, a comenzar mi propia empresa. Se han vuelto una parte esencial y un recurso de confianza para mí y mi familia. Mi historia es solo un ejemplo de la importancia de tener un plan financiero integral y asesores que puedan administrarlo.

Cuando Vanessa me preguntó si quería escribir el prólogo a su libro, me alegré enormemente. Su pasión respecto de la importancia de la inclusión en la planificación y la administración del patrimonio y, especialmente, la necesidad de que las mujeres se involucren más en el proceso, realmente me interpeló. A lo largo de este libro, Vanessa y JR utilizan escenarios de la vida real como lecciones que sirven a los lectores para saber dónde comenzar y qué cosas tener en cuenta.

Esta discusión es muy oportuna por distintos motivos. Primero, la profesión de planificación financiera ha evolucionado en los últimos años. Existen muchos asesores financieros muy dedicados que ponen énfasis en proporcionar un enfoque integral al trabajar con clientes. En el pasado, muchos solo se enfocaban en la administración de inversiones. Ahora, esto representa solo un área.

Además, como comenté respecto de mi propia experiencia, hoy en día los asesores actúan como un recurso confiable que puede trabajar en sintonía contigo, con tu familia y con otros profesionales que contrates, como planificadores de caudal hereditario, contadores y abogados, por nombrar unos pocos. Unir todas estas áreas se está convirtiendo en una de las mejores prácticas para que las familias puedan administrar eficazmente su patrimonio y su salud.

Además, celebro al Lerner Group por comprender la importancia de la inclusión en el proceso de planificación patrimonial. Aunque tradicionalmente la administración del dinero de una familia ha sido un sector dominado por los hombres, los asesores financieros astutos se han dado cuenta de que los tiempos han cambiado y las mujeres cumplen un rol esencial. Verán que este es uno de los temas principales del libro. Los autores no solo explican por qué esto es importante, sino que también analizan estrategias para involucrar, alentar y comunicarse mejor con las mujeres para que se sientan incluidas y entusiasmadas con el proceso.

Este libro es ideal para parejas que realmente quieren establecer su familia de la mejor forma posible y trabajar colaborativamente para lograrlo.

Sin importar si eres alguien que ya trabaja con un asesor o si solo estás explorando la idea de hacerlo, encontrarás recomendaciones y estrategias esenciales que puedes poner en práctica de inmediato.

La excelente guía de Vanessa y JR proporciona a los lectores una mejor comprensión sobre cómo administrar los buenos y los malos tiempos y cómo podrás proporcionar a tu familia el mejor regalo, creando un enfoque centrado en una familia unificada para la planificación patrimonial.

Estoy agradecida de que firmas como el Lerner Group dediquen sus prácticas a enfatizar en una planificación integral e inclusiva que agrega tanto valor a las familias a las que sirven.

Aliento a todas las mujeres que no han asumido un rol activo en las finanzas de su familia a que se comprometan a involucrarse. Tú y tu familia te necesitan. Y obtendrás mucho más de esto que lo que quizás puedas darte cuenta.

¡Feliz lectura!

Suzanne Siracuse

CEO

Suzanne Siracuse Consulting Services, LLC

INTRODUCCIÓN POR PARTE DE LOS COAUTORES

Tu patrimonio es más que solo tu dinero. Tu patrimonio es tu familia, tu legado y el futuro de las personas, las comunidades y las causas que amas.

Si solo administras el *dinero* de tu familia y no priorizas el patrimonio en general, entonces estás poniendo en riesgo el valor de tu familia: todo el patrimonio derivado de los aspectos de la vida que son más importantes para ti.

Escribimos este libro para repasar estos riesgos y compartir nuestras soluciones, que describimos como nuestro enfoque *Valores Familiares en Riesgo*, o FVR, a la administración patrimonial. Nuestro enfoque es una respuesta a dos tendencias significativas que experimentamos en los últimos años, y un remedio para estas.

Primero, hemos visto cómo un enfoque limitado al rendimiento del capital invertido, por parte tanto de asesores como de inversores, ha triunfado a expensas del patrimonio general de una familia. Sabemos que el patrimonio es más que el ROI (rendimiento del capital invertido). Por ejemplo, el rendimiento de inversiones puede brindar a un individuo y su familia una riqueza considerable y continua. Sin embargo, si no se establece un plan coordinado para distribuir el dinero al momento de la muerte del individuo, es posible que una liquidación de impuestos sustancial reduzca esa riqueza de un día para el otro.

Segundo, la sociedad ha evolucionado para volverse más inclusiva. Vemos esta tendencia en la enseñanza y en los empleos en casi todas las industrias. Hay más mujeres que nunca trabajando en industrias que solían ser territorio de los hombres, como las finanzas, y traen con ellas una perspectiva nueva que tiene el potencial de impulsar cambios positivos. Al mismo tiempo, más mujeres ocupan el rol de sostén económico y de toma de decisiones financieras principales. Sin embargo, el 49 por ciento de las mujeres casadas siguen dejando que su esposo asuma el control de la planificación financiera.[1]

Los asesores patrimoniales deben responder a este cambio. Deben comprender que su enfoque debe considerar a toda la familia y no solo a la cabeza de hogar tradicional.

Hoy en día reconocemos los beneficios de la inclusión incluso más que lo que lo hacíamos hace una generación atrás. Creemos que, a partir de ahora, un enfoque más inclusivo y colaborativo respecto del patrimonio de una familia puede resultar en un beneficio tremendo para nuestros clientes, nuestra industria y toda la sociedad.

Trabajamos en el mundo del asesoramiento patrimonial porque estamos profundamente comprometidos con ayudar a las familias a que hagan crecer, administren y transfieran su caudal hereditario por muchas generaciones venideras. Esta pasión excede el rendimiento del capital invertido e incluye la administración de los activos de una familia, los bienes muebles e inmuebles, el legado y todo lo que abarca el patrimonio general de una familia.

---

1   Nick Fortuna, "More Married Women Want to Take Bigger Part in Household Financial Planning, Survey Shows," Barron's, 4 de julio de 2020, https://www.barrons.com/articles/more-married-women-want-to-take-bigger-part-in-household-financial-planning-survey-shows-51593864001.

También creemos en un enfoque colaborativo en equipo, generalmente un equipo compuesto por un asesor hombre y una asesora mujer que se reúnen con ambos cónyuges. ¿Por qué? Porque un enfoque equilibrado ante la administración patrimonial da consistentemente mejores resultados para todos. Es parte de por qué somos defensores férreos de una mayor representación femenina en la industria financiera.

Sabemos de primera mano que si los clientes y los asesores cambian su enfoque de únicamente las inversiones y se centran en las dinámicas familiares y la *inclusión*, las familias pueden obtener un mayor grado de prosperidad y armonía a la hora de administrar su patrimonio.

Como socios de la firma de administración patrimonial Lerner Group con HighTower Advisors, con sede en Chicago, nuestro equipo administra más de $1,4 mil millones en activos al 2020. De hecho, este número es el triple si se incluye el asesoramiento que brindamos a las familias sobre sus activos adicionales, como bienes muebles e inmuebles, seguros, ingresos de negocios privados, inversiones alternativas y fundaciones.

Mencionamos esta cifra más grande porque la mayoría de las medidas financieras priorizan los activos que se administran, ignorando el resto de las formas de patrimonio familiar. Vemos una oportunidad para expandir no solo lo que administramos, sino también cómo llevamos un registro de las mediciones de patrimonio en la industria. Los asesores financieros tradicionales tienen la reputación de enfocarse únicamente en los activos que les pagan por administrar. Si el activo no es "facturable", no será parte de su proceso de planificación y es probable que no forme parte del plan de patrimonio total que crean para las familias. Después de trabajar con cientos de familias clientes durante décadas, sabemos que los activos facturables no pueden disociarse de otras formas de valor cuando se trata de priorizar el futuro y el patrimonio de una familia.

El mayor *riesgo* al patrimonio y el legado de tu familia es el enfoque tradicional a la administración del dinero.

Debes saber, a medida que leas este libro, que lo escribimos para enseñarte acerca de por qué el mayor *riesgo* al patrimonio y el legado de tu familia es el enfoque tradicional a la administración del dinero. Esperamos que disfrutes aprender sobre cómo un enfoque FVR puede ayudarte a transmitir el patrimonio y el legado de tu familia durante muchas generaciones venideras.

NUESTRO ENFOQUE: SOBRE ASOCIACIONES Y RIESGOS

La mayoría de nuestros clientes son parejas que están incrementando su caudal hereditario para retirarse y transferirlo eficazmente a sus hijos, nietos, comunidades y causas que aman. Esto está en conflicto con una realidad arraigada de la industria financiera que, hasta hace poco, estaba bajo la esfera de los hombres: asesores hombres y clientes hombres.

En general, la industria se ha adaptado con mayor lentitud a los cambios que suceden en el resto de los ámbitos de la sociedad. Excluir las opiniones de mujeres o la participación de asesoras, clientas o miembros familiares mujeres puede conllevar riesgos inherentes.

En primer lugar, generalmente la esperanza de vida de los hombres es menor que la de su pareja mujer. Aunque este hecho pueda parecer morboso, es importante para muchas familias y, particularmente, cuando se trata de planificación patrimonial. Al saber que la mayoría de las mujeres sobrevivirán a sus parejas hombres, debemos involucrar a los cónyuges *en forma igualitaria* en todos los aspectos de la planificación y la toma de decisiones financieras. De lo contrario, como hemos visto, puede ser desastroso para las familias y puede obstaculizar la transferencia óptima de patrimonio.

Por ejemplo, este es un escenario que hemos visto desarrollarse una y otra vez: un patriarca acumula una gran cantidad de dinero, trabaja con un asesor financiero hombre para invertir y planificar aún más, rara vez habla con su esposa acerca de alguno de los detalles financieros de la familia. Luego, el esposo fallece y la flamante viuda debe ponerse al día con cientos de detalles y tomar decisiones costosas, la mayoría de las cuales se podrían haber evitado si el esposo y el asesor la hubieran incluido en su proceso de planificación. Tiene problemas para preservar lo que tiene y, potencialmente, se ve forzada a modificar el plan a último minuto, todo mientras lidia con el duelo por el fallecimiento de su esposo. Se queda preguntando si la responsabilidad de estar mejor preparada era de ella, de su esposo o de su asesor.

Ahora bien, ese no es el único riesgo involucrado en la planificación patrimonial tradicional. Otro riesgo se deriva del enfoque típico de los asesores y los clientes en el rendimiento del capital invertido. La pregunta más importante de un cliente siempre ha sido "¿Cuánto dinero puedo acumular?"

A primera vista, uno pensaría que la ecuación correcta sería *más dinero, mejor para todos*. No obstante, hemos visto cientos, si no *miles*, de circunstancias en las que buscar únicamente el rendimiento ha tenido un efecto neto *negativo* sobre el patrimonio general de una familia. Existe un riesgo al patrimonio a largo plazo cuando el enfoque está en buscar el rendimiento y no en priorizar el futuro de la familia. Para evitar tantos de estos efectos negativos como sea posible, desarrollamos un enfoque más inclusivo.

Nuestro enfoque FVR incluye a cónyuges, niños y todas las partes afectadas por el proceso de planificación patrimonial. A lo largo de los años, hemos descubierto que a medida que involucras a tu cónyuge, tus hijos, otros miembros de tu familia y otras partes relacionadas en el proceso de planificación patrimonial, la pregunta "¿cuánto?" se vuelve secundaria. En su lugar, las personas comienzan a preguntarse: "Dados nuestros recursos, ¿cómo podemos hacer lo mejor para nuestra familia y nuestro futuro?".

Esta inclusión hace que el rendimiento del capital invertido no sea una preocupación desde el comienzo. Con los hombres y las mujeres ocupando roles colaborativos, el enfoque se vuelca principalmente al patrimonio familiar general, la armonía y los valores. Con nuestro enfoque, el dinero y el rendimiento se vuelven un medio para obtener un fin en vez de ser el objetivo.

NUESTRA MISIÓN

Como asesor patrimonial familiar, JR ha experimentado ambos extremos del espectro: el enfoque tradicional del estatus quo y el enfoque FVR. Estas experiencias lo convierten en defensor del último. Ha visto cómo puede ser mucho más exitoso a largo plazo, ya que facilita la preservación y la transferencia del patrimonio.

LA PERSPECTIVA DE JR

Mi objetivo al escribir este libro es cambiar la mentalidad de las familias y de toda la industria. No deberíamos enfocarnos únicamente en el rendimiento del capital invertido. En vez de eso, alentamos la planificación y toma de decisiones inclusiva.

Debemos explicarle a las parejas y ayudarlas a prepararse para la realidad de que, en general, los hombres no viven tanto como las mujeres. Con eso en mente, mientras más preparados estén todos, más probable es que el patrimonio y los valores familiares pasen a la siguiente generación.

Debemos desarmar la vieja percepción sobre las inversiones. De ahora en adelante, nuestro rol debería ser preparar completamente a las familias para que puedan mantener su legado, llevando estabilidad y caudal hereditario durante generaciones.

He probado la vieja forma de hacer las cosas: las inversiones y el asesoramiento sin mucha participación colaborativa de ambos cónyuges. He visto lo que es posible cuando cada cónyuge tiene un rol igualitario al navegar los asuntos financieros. La vieja forma no era necesariamente mala. Sin embargo, al haber experimentado ambas, he visto que la nueva forma es una mejora material en términos de cuidar a las familias a largo plazo y establecer un futuro financiero más estable y seguro.

Mi coautora y socia en Lerner Group, Vanessa, también comprende que una experiencia de planificación patrimonial más inclusiva produce mejores resultados para las familias.

LA PERSPECTIVA DE VANESSA

Mi objetivo al escribir este libro es compartir con otros lo que he aprendido, tanto de lo bueno como de lo malo, del enfoque tradicional a la administración patrimonial. Quiero ayudar a informar a las familias acerca de una forma más inclusiva de tomar mejores decisiones financieras. No puedo reunirme con todas las familias del mundo, así que este libro es mi intento de esparcir el mensaje más allá de lo que podría hacerlo físicamente.

Más personas necesitan conocer los resultados derivados de este enfoque. Si, al leer este libro, aprendes sobre el enfoque FVR y puedes aplicarlo a, al menos, un aspecto en tu familia, hemos tenido éxito.

Este libro debería ayudarte a comprender cómo ha evolucionado el patrimonio; hoy en día, *no deberíamos* pensar que se trata solo del dinero. Se trata de mucho más. Y mientras más compartamos nuestro enfoque, más oportunidades tendremos todos. Realmente creo que, si fomentamos este mensaje y demostramos su valor una y otra vez, las personas experimentarán beneficios increíbles.

Al ser una mujer en el mundo, no solo en esta industria, y al haber sobrepasado distintos obstáculos y adversidades, me enorgullece utilizar mi experiencia para ayudar a otras personas a vivir *mejor*. Ahora estoy en una posición en la que puedo liderar, donde puedo hacer oír mi voz. Quiero utilizarla para ayudar a tantas familias como me sea posible.

NUESTRO CAMINO: POR QUÉ ESCRIBIMOS VALORES FAMILIARES EN RIESGO PARA TI

Cuando Vanessa dice que hemos tenido que luchar mucho para llegar a donde estamos hoy, no exagera. Nuestro camino no ha sido fácil, pero viendo dónde estamos hoy, estoy muy agradecido de haberlo hecho.

En las siguientes páginas nos conocerás un poco más, también conocerás a nuestros clientes, a ti mismo y a la situación patrimonial de tu familia. Antes de comenzar, nos gustaría contarte un poco más acerca de quiénes somos, cómo llegamos a las conclusiones que describimos en este libro y por qué nos apasiona tanto el trabajo que hacemos.

EL CAMINO DE JR

Crecí en un hogar de clase media baja en el norte de Wisconsin, justo al norte de Green Bay. Como uno de cinco hijos, contribuí con la familia. Comencé a ganar dinero en primer grado repartiendo periódicos. La primera vez que gané veinte dólares me sentí la persona más rica del mundo. Mi madre me crio para que sea muy independiente y autosuficiente. Durante mucho tiempo interpreté esas responsabilidades como que el dinero debía motivarme y guiar mi proceso de toma decisiones por sobre cualquier otra cosa.

Trabajé durante toda la escuela secundaria en una granja, ordeñando vacas a las 4:30 a.m. y otra vez después de la escuela. Luego fui a la Marquette University en Milwaukee, Wisconsin. Primero estudié ingeniería, porque siempre disfruté de las matemáticas y la ciencia. Enseguida descubrí que mi verdadera vocación eran las finanzas.

Cambié a la carrera de Finanzas después de mi primer año.

Todavía recuerdo caminar por la Wisconsin Avenue, habiendo pasado de la escuela de ingeniería a la de negocios. Fue un momento que cambió mi vida y nunca me arrepentí. Mientras estaba en la universidad, trabajaba a tiempo completo en un banco. Logré graduarme un semestre antes y me mudé a Chicago.

Dormía en el sillón de mi hermano mientras buscaba trabajo. Me costó un poco más de un mes encontrar empleo, pero sentí que fue el mes más largo de mi vida. Finalmente, obtuve un puesto en Morgan Stanley.

En esos tiempos, Morgan Stanley solo contrataba trabajadores temporales debido al congelamiento de contrataciones. Así que tome un puesto temporal en el equipo de Eugene Lerner, donde oficialmente me dedicaba a la investigación, pero extraoficialmente pasaba la mayor parte de mi tiempo escuchando. No sabía en ese momento que Gene sería mi más grande mentor. Él era un gigante de las finanzas. Había estudiado bajo la tutela del famoso economista Milton Friedman en la Universidad de Chicago. Allí recibió su doctorado y luego se convirtió en profesor, enseñando a alumnos que incluyeron a Alan Greenspan, el futuro presidente de la Reserva Federal.

Me sentí afortunado de tener un mentor con un linaje tan distinguido y quería absorber tanto conocimiento como me fuera posible. Una vez que terminó el congelamiento de contrataciones, me convertí en asesor de tiempo completo, comenzando formalmente a trabajar en el negocio a mis veintiún años. Trabajé, escuché, trabajé un poco más y escuché un poco más. Después de un tiempo, Gene comenzó a confiarme la toma de decisiones y, desde allí, hicimos crecer el negocio.

Cuando Gene fundó su negocio a comienzos de la década de los setenta, fue un pionero en utilizar computadoras para que le ayudasen a elegir acciones, utilizando algoritmos basados en reglas para ayudar a los asesores a examinar miles de empresas para diseñar carteras.

Durante mis primeros cinco años, logramos quintuplicar el tamaño de nuestro negocio, hasta que nos golpeó la crisis financiera del 2008. Como sucedió con muchos negocios, la Gran Recesión cambió el nuestro para siempre. Cuando el mercado tocó fondo en marzo de 2009, nuestro negocio se había reducido a casi la mitad de su tamaño en relación con el año anterior. Lo que había sido principalmente una empresa basada en el capital, evolucionó a una con una estrategia más diversificada, con bonos y acciones individuales para generar el equilibrio que necesitaban las familias para sobrevivir a las subidas y bajadas del mercado.

Para ese entonces, también había cambiado mi situación personal. En 2008 comencé un programa de maestría en administración de empresas en la Northwestern's Kellogg School of Management en Evanston, Illinois. El programa duraba dos años, aunque tardé casi cuatro años en terminarlo, principalmente debido a la crisis en el mercado y el negocio.

Durante este período, muchos de nuestros clientes también experimentaron cambios significativos en su vida, varios que no estábamos preparados para manejar. La mayoría de nuestros clientes eran de generaciones anteriores. Aunque habían obtenido un patrimonio significativo a lo largo de sus vidas, no habían tomado en realidad los pasos necesarios para preservarlo. Descubrimos que los clientes casi no conversaban con abogados para revisar y enmendar sus documentos y, en la mayoría de los casos, tenían un plan de caudal hereditario que había dejado de servir hacía años. La muerte es un tema incómodo y descubrimos que, debido a esto, las familias evitaban actualizar sus planes patrimoniales. Debido a la naturaleza transaccional de la industria, muchos abogados eran reactivos en vez de proactivos, lo que resultaba en que no iniciaban las conversaciones necesarias.

Además, en la mayoría de nuestras reuniones solo veíamos al patriarca de la familia, que en aquellas épocas era el sostén y tomador de decisiones principal de la familia. Generalmente, el patriarca confiaba en nosotros y asumía o solicitaba que nos encargáramos de su cónyuge y su familia al morir. Como resultado, en muchos casos, cuando el patriarca fallecía, la cónyuge no conocía el plan o no estaba preparada para tomar decisiones financieras complicadas sola. Estas decisiones de último minuto inherentemente crearon gastos significativos que se podrían haber evitado si hubiera estado involucrada en la coordinación de los asuntos financieros antes de que falleciera su esposo.

Después de ver muchos casos como este, finalmente aprendí una lección clave: el dinero *no es* todo. Su mayor uso es funcionar como una herramienta para ayudar a las personas. Como decimos a menudo: el dinero es un medio y no un fin. Esta creencia nos guía aún hoy en día.

> **El dinero es un medio y no un fin. Esta creencia nos guía aún hoy en día.**

Gene y yo pasamos diez años en Morgan Stanley luego transicionamos a HighTower en 2012. Dejamos una gran firma por una firma independiente. En HighTower, nuestro equipo ya no estaba atado a las convenciones y mecánicas de una firma grande. Hoy en día operamos sin un enfoque de planificación patrimonial unidireccional o un objetivo dominante diseñado para beneficiar principalmente a la firma en vez de a nuestros clientes. Por lo tanto, hemos aprovechado la oportunidad de poner a los clientes en primer lugar y servirles de la mejor manera posible.

Pasados un par de años de comenzar a trabajar en HighTower, Gene se retiró de los negocios diarios. Vanessa se unió a nuestro equipo durante este período y me descubrí en un estado similar al que estaba cuando me uní por primera vez a Gene: principalmente escuchaba y absorbía tantas ideas y conocimientos como podía.

Como mujer, Vanessa trajo una perspectiva y una dinámica completamente diferentes al Lerner Group, una que era un poco extraña para mí como profesional financiero. Revolucionó nuestra perspectiva.

Comencé a descubrir cuánto ignoraba y cuán importante era considerar el impacto de nuestras decisiones en toda la familia. Con renovado vigor, Vanessa y yo comenzamos a discutir las ofertas de valores de nuestros clientes, cómo podíamos proveerlas y por qué. Desde el momento en que ella se unió al equipo, nuestra filosofía de servicio al cliente comenzó a evolucionar hasta lo que es hoy.

Descubrí que el equilibrio de las perspectivas diferentes, principalmente entre las consideraciones típicas de un hombre y de una mujer, era revelador. Era transformativo desde una perspectiva comercial y en términos de cómo cambiaba la dinámica de las reuniones con los clientes. Bajo la guía de Vanessa, alentamos más reuniones en las que estuvieran ambos cónyuges y los abordamos como una alianza nosotros mismos.

Las preguntas y discusiones que Vanessa proponía y/o presentaba no eran áreas con la que yo generalmente me sintiera cómodo, pero una vez que estos temas importantes se planteaban, todos nos sentíamos más cómodos para discutirlos y pudimos crear mejores resultados para todos. Esta dinámica colaborativa nos permitió resolver desafíos que previamente habían sido tremendamente difíciles de reconocer, ni hablar de solucionar. Por primera vez, vi que la importancia de la comunicación y el equilibrio de visiones tanto dentro de la industria como en las familias es crucial.

Hoy en día, Vanessa y yo nos tomamos en serio la responsabilidad de presentar nuestro enfoque FVR. Funcionamos como asesores financieros familiares principales para clientes que son familias modernas complejas. Nuestro trabajo es de muchísima importancia para nosotros y ambos comprendemos que, con nuestro conocimiento compartido, depende de nosotros no solo continuar sirviendo mejor a nuestros clientes, sino también impulsar la evolución del enfoque tradicional de la industria. Y eso comienza al compartir nuestro mensaje en este libro.

EL CAMINO DE VANESSA

Mi padre es de El Salvador y mi madre de Guatemala; se conocieron en Chicago, donde nacimos y crecimos mis dos hermanas y yo. Cuando tenía siete años, mi padre comenzó a trabajar para American Airlines. Cada verano, el día siguiente de que terminara el año escolar, volábamos a Guatemala y nos quedábamos allí hasta septiembre, cuando volvía a comenzar la escuela.

Con el correr de los años, me encariñé con Guatemala, su cultura y su gente. Me enamoré tanto del país que sabía que al graduarme del colegio secundario iría allí a la universidad. Mi certeza juvenil hizo que no rindiera los exámenes SAT, ya que no se requieren en Guatemala.

Viajar entre ambos países me dio una perspectiva distinta sobre el dinero y su impacto. Al ver la pobreza y el dolor de otras personas luchando para proveer a sus familias, pude apreciar la prosperidad que tenemos en los EE. UU. Ya no me era posible tirar un par de zapatos que todavía se podían utilizar o no terminar un plato de comida sabiendo que existen tantas personas que no pueden dar por sentado tener esas cosas.

El poder dar a las personas se convirtió en mi motivación más poderosa. Quería utilizar mis conocimientos y habilidades para cambiar para mejor la vida de los demás. Sigo creyendo que siempre debo dar a las personas, sin importar cuánto tenga yo. Creo que todos nosotros debemos dar a los demás desde nuestro corazón en vez de compartir únicamente aquello que nos sobra.

Mientras vivía en Guatemala, trabajé tiempo completo en una empresa de manufactura de productos de madera como gerenta de ventas internacional. Esto me permitió ser autosuficiente y pagarme la universidad. Haya sido el destino o solo un muy feliz accidente, este trabajo me dio la oportunidad de crear mi propio camino hacia el éxito. Pude definirme como profesional y sortear los problemas que presenta ser una mujer en una industria tradicionalmente dominada por los hombres.

La empresa tenía quinientos empleados, de los cuales solo cuatro eran mujeres: una oficial de control de calidad, una chef, una recepcionista y yo. A mí me contrataron inicialmente como asistente del gerente de producción debido a las barreras lingüísticas que se encontraban al tratar con sus clientes internacionales.

Después de tres meses de crear cronogramas completos y planificar el funcionamiento, me involucré tanto con los clientes y establecí una relación tan buena que me gané la posición de gerente de ventas internacionales. Esta era una oportunidad definitoria, ya que comencé a viajar a Alemania, los EE. UU., y Canadá. En uno de mis viajes, incluso creamos una empresa conjunta.

En un principio encontré resistencia. Era difícil que me tomen en serio en una habitación llena de hombres. Tuve que sobresalir y superar el rendimiento de los demás solo para tener la oportunidad de que me escuchen, pero yo sabía cuánto valía y fui diligente en mi búsqueda de mejora personal y profesional y de éxito.

Luego, hace una década, me encontraba en una de mis últimas clases de negocios, sentada en una habitación sofocante sin aire acondicionado mientras escuchaba a mi profesor hablar acerca de que *tomar las decisiones financieras correctas hoy en día es crítico para nuestro éxito futuro.* Fue allí, en esa asfixiante habitación llena de mis compañeros estudiantes, que me di cuenta de lo que quería hacer con mi vida.

Mi profesor dijo que tomar las decisiones correctas hoy nos ayuda a tener éxito mañana; yo no solo quería tomar las decisiones financieras correctas para mí misma y mi familia, sino que también quería ayudar a otros a hacer lo mismo. Fue entonces que decidí comenzar a perseguir mi pasión y mi propósito y me enfoqué en las finanzas.

Con mi título Universitario en mano, volví a Chicago y me anoté en un programa de Maestría en administración de empresas. Mientras cursaba esto en North Park University, comencé a ganar experiencia de campo trabajando en JP Morgan Chase como banquera personal y luego como gerente de sucursal.

En 2013 me uní a Lerner Group como gerente de servicios al cliente. En poco más de un año, me convertí en directora de operaciones (COO, por sus siglas en inglés). Esto fue posible gracias a mi pasión por la planificación estratégica y el desarrollo comercial. Al ayudar a establecer planes a futuro para la firma, demostré el valor de mis contribuciones a los socios y me gané el ascenso.

Como COO, trabajé con el equipo para negociar contratos, transicionar a un nuevo custodio, revitalizar la cultura de trabajo en equipo y establecer un programa de desarrollo de carrera. Creamos un plan de acción de planificación patrimonial completo.

Alentar al equipo a adoptar el concepto de un abordaje familiar más colaborativo hacia la planificación patrimonial se convirtió en mi verdadero objetivo y el equipo lo apoyó con todas sus fuerzas. Estas contribuciones hicieron que me convierta en socia dentro de los tres años.

Realmente fue una bendición trabajar con socios que supieron apreciar mi asesoramiento, me empoderaron a diario y recibieron positivamente mis ideas modernas. JR y Ming (otro socio de HighTower) son de verdad excelentes oyentes. Como mencionó JR, él pudo escuchar todo lo que Gene tenía para decir, lo comprendió y luego lo transmitió. JR tuvo la posibilidad de aprender de un verdadero maestro sobre administración del dinero y de clientes. Cuando Gene se retiró, JR se convirtió en el orador en vez del oyente, en el maestro en vez del estudiante.

A partir de ese punto, JR se dio cuenta de que la necesidad de los clientes estaba cambiando y la industria financiera no se estaba adaptando. Los clientes no solo se preocupaban por sus acciones y el rendimiento del capital invertido. Discutían temas que incluían propiedades, activos, relaciones, muertes, nacimientos, títulos, testamentos, fideicomisos, legado y tanto más, todos temas que tienen un impacto directo sobre el patrimonio. JR escuchó con mucha atención todas sus necesidades.

Tanto JR como yo reconocimos la necesidad no solo de incluir a los cónyuges en las reuniones, sino también de tener otro asesor en la reunión. Implementar esto permite una exploración más profunda de la familia. Un equipo de dos asesores, compuesto de una mujer y un hombre, permite discusiones más profundas.

Cuando trabajamos como equipo y nos comunicamos con las parejas, conocemos nuestros roles y de qué forma cada uno de nosotros puede hacer progresar la conversación. Sabemos cuándo escuchar, cuándo hablar, cuándo incluir más personas y cuándo avanzar. En el tipo de trabajo que realizamos, tener inteligencia emocional es un don.

Motivados por la pasión, dispuestos a tomar riesgos y habiendo aprendido a tomar decisiones en forma temprana, JR y yo estamos muy orgullosos de cuánto hemos avanzado, de dónde estamos hoy en día y hacia dónde vamos. Ambos continuamos escuchando, aprendiendo, liderando, creciendo y dando.

NUESTRO OBJETIVO PARA TU FAMILIA Y PARA EL FUTURO DE LA PLANIFICACIÓN PATRIMONIAL

Valores Familiares en Riesgo es un llamado a la acción para clientes como tú y para toda la industria financiera. Debemos aceptar el hecho de que el enfoque tradicional menos inclusivo hacia las inversiones y la administración del caudal hereditario crea grandes carencias en el proceso que pueden ser perjudiciales para el futuro del patrimonio de tu familia.

¿Por qué los inversores y los asesores se enfocan tanto en el dinero y en el rendimiento del capital invertido? ¿Por qué se detienen prácticamente ni un momento a trabajar en el resto de las cosas que afectan el patrimonio de tu familia?

Este libro es para todas las familias y profesionales de la industria que ven los beneficios de expandir el enfoque tradicional al patrimonio para que incluya los valores y las dinámicas familiares.

Todos estamos de acuerdo en que la sociedad está cambiando y que debemos cumplir con sus nuevas necesidades. Este libro es nuestro intento de unir clientes y a la industria para que nuestro concepto de valor y cómo administramos el patrimonio evolucionen a la par de una sociedad cambiante.

Conociendo la cambiante dinámica social, este libro es útil para diversos lectores, cada uno con perspectivas diferentes y el mismo objetivo final: transmitir o heredar exitosamente el patrimonio.

Sin importar si tu objetivo es apoyar una causa que te importa profundamente o ser capaz de proveer para tu familia (ya sea tu cónyuge, tus hijos, miembros de una familia mixta, nietos o, incluso, bisnietos), sin duda aquí encontrarás perspectivas que te ayudarán a lograr tus objetivos. Veamos con un poco más de profundidad a qué tipo de lectores apuntamos este libro:

- "Matriarcas" o "patriarcas", los líderes de familia que buscan consejos sobre cómo compartir su patrimonio y legado con las generaciones futuras.

- Familias ensambladas interesadas en encontrar historias sobre planificación de legado exitosa.

- Creadores de caudal hereditario individual que buscan guías sobre cómo transferir una herencia.

- Aquellas personas que enfrentan el desafío de ser patrocinadores de forma justa comparada con equitativa.

- Aquellas personas que heredarán un patrocinio y quieren asegurarse de que no pondrán en peligro el caudal hereditario actual o futuro en el proceso.

Sin importar tus circunstancias, creemos que las historias que compartimos en este libro pueden ayudar a tu familia a aprender y cambiar cuando sea necesario o, quizás, solo confirmar que ya se encuentran en el camino correcto.

Antes de comenzar, nos gustaría hacer un comentario sobre la estructura. Escribimos este libro como coautores para reflejar nuestra sociedad colaborativa cuando asesoramos clientes. Ambos presentaremos algunos capítulos desde nuestra perspectiva individual. Dentro de estos capítulos, el otro coautor contribuye algunas citas, historias y aportes. Ambos presentamos la conclusión.

Juntos, hemos recopilado nuestra experiencia y conocimientos en una guía fácil de leer, explicando por qué y cómo se benefician las familias de este enfoque mejorado para administrar su patrimonio. Aquí te informarás sobre:

- nuestro trabajo con esposos, esposas, e hijos para hacer lo mejor para las familias,

- administración de activos, incluido nuestro enfoque de Valores Familiares en Riesgo, o FVR, y cómo se aplica a la concentración y la diversificación,

- soluciones para la planificación de caudal hereditario, incluido cómo abordar títulos y trámites testamentarios,

- soluciones para la planificación de legado que toman en consideración tus dinámicas y valores familiares únicos, y

- cómo superar la parálisis a la hora de tomar decisiones que surge debido a la falta de guía y a opciones limitadas.

Tú y tu familia están juntos en una travesía. Si te preocupa que el legado de tu familia esté potencialmente en riesgo, debes saber que hay otras soluciones, y que aquí identificaremos algunas de ellas.

Al finalizar el libro, deberías estar confiado en que tienes en tus manos una guía útil que puedes utilizar como referencia mientras continúas con la planificación de activos, caudal hereditario y legado. Con nuestro enfoque FVR a tu lado estás listo para priorizar el patrimonio y el legado de tu familia.

CAPÍTULO 1

VALORES FAMILIARES EN RIESGO

En el capítulo 1, Vanessa comparte una historia de adversidad familiar muy común. Muestra cómo el enfoque clásico de la riqueza puede poner en riesgo el valor de tu familia. También da esperanza al presentar un enfoque exhaustivo y adecuado ante la riqueza para las familias que puede beneficiar a todos.

E sta es una historia triste que encarna el riesgo de una comunicación dañada que puede ocurrir todos los días. Aun así, el hecho de que tantas familias pasen por lo mismo no lo hace más fácil para nadie. Ese fue, sin duda, el caso de Sabrina y su familia.

La primera vez que escuché de la situación de Sabrina fue hace unos años, cuando su hermano Aaron, nuestro cliente, la mencionó al finalizar la revisión anual de su portfolio. Con una expresión urgente y seria poco característica en él, Aaron nos preguntó si podíamos ayudar a Sabrina, que vivía en otra ciudad y estaba considerando cambiar de asesores. Le dije que estaría feliz de ayudar, cualquiera fuera la situación.

La noche siguiente, alrededor de las siete y media, recibí una llamada a mi teléfono celular mientras cocinaba la cena.

—Hola, ¿Vanessa? Soy Sabrina, la hermana de Aaron. Disculpa la hora, sé que no debería estar llamándote tan tarde.

—¡No te preocupes, me alegra que me hayas llamado! —dije—. Estaba esperando tu llamada. Tu hermano mencionó que ¿necesitabas asesoramiento con algo…? —pregunté mientras le entregaba la espátula a mi esposo.

—Me indica que mi esposo está en el hospital. Le diagnosticaron cáncer de páncreas avanzado. No sé qué hacer.

—Lo siento mucho —dije —. No puedo imaginar lo que debe estar pasando por tu mente en este momento. Por favor, dime cómo puedo ayudar.

Dudó, como tantos dudan a la hora de discutir la situación financiera de su familia con un nuevo asesor. Y entonces, luego de una pausa larga, se quebró—: Se está muriendo. ¡Se está muriendo! —dijo entre sollozos—. Los médicos le dan seis meses, en el mejor de los casos. Tenemos dos hijos ya adultos y él tiene un hijo de su primer matrimonio. Realmente no sé si nuestros hijos o yo tendremos suficiente dinero cuando…

No pudo terminar la oración.

Habiendo trabajado con su hermano, Aaron, había dado por sentado que Sabrina había recibido una herencia modesta luego de la muerte de sus padres, al igual que él. Cuando pregunté al respecto, Sabrina respondió—: Usé una parte de eso para los gastos médicos, pero incluso más allá del dinero, estoy sobrepasada y confundida. Soy muy desorganizada y no entiendo qué hacer con nuestras finanzas. ¿Podrías darme alguna especie de lista que me ayude?

—Por supuesto —dije. Comencé a hacerle preguntas para poder crear una lista de cosas por hacer que fueran importantes. Hablamos durante una hora y nos fuimos conociendo. Hacia el final de la llamada, la oí suspirar con alivio.

—Me siento tan cómoda contigo —dijo—. Normalmente no tomaría una decisión así de apresurada, pero estás haciendo preguntas que otros no hacen y puedo ver que tienes una visión de mi familia más holística. Me sentiría mucho mejor con mi situación contigo guiándome.

—Haremos todo lo posible para ayudar a que todo esté en orden —respondí.

A lo largo de las siguientes semanas, trabajamos juntas para cubrir todas las cosas pendientes. Al mismo tiempo, la salud de su esposo se deterioraba con rapidez.

A menos de una semana desde nuestra primera llamada, Sabrina volvió a llamarme sorpresivamente, llorando. —Vanessa, está volviendo a casa. No hay nada más que puedan hacer por él en el hospital. Su mente ya no está allí. Dicen que le queda como mucho un par de meses.

Habló de la atención domiciliaria: contratar a una enfermera a tiempo parcial y cuidarlo ella misma el resto del tiempo. Contempló las opciones de apoyo de vida para enfermos terminales que necesitaría para garantizar que estuviera cómodo. Al mismo tiempo, tenía cuentas que pagar y tareas del hogar que cumplir. Se la notaba perdida, obligada a tomar decisión tras decisión en el peor momento posible, cuando estaba sobrecogida por la tristeza.

En el transcurso de esos días, me llamaba seguido buscando consejo—: No sé qué hacer ahora. No puedo hacer esto. No me importa si gasto todo mi dinero; voy a buscar atención médica de tiempo completo. Tengo que hacerlo. — Consideramos todas sus opciones y le di las mejores recomendaciones de mi equipo.

Mientras tanto, trabajamos para organizar el caudal hereditario y los activos de su familia para proteger su patrimonio ante el proceso de sucesión. Todos los activos que estaban a nombre de él únicamente, los pusimos a nombre de ambos. Bienes inmuebles, activos relacionados a negocios empresariales privados, cuentas de inversión y más. Él no tenía una lista de sus activos, así que rogamos haber alcanzado hasta el último de ellos.

Al cabo de tan solo un mes, recibí la noticia de que había fallecido. Le dimos a Sabrina unas semanas luego de su muerte, y entonces JR y yo viajamos a visitarla.

Pasamos el día entero con ella y sus dos hijos adultos. Se sintió muy bien conocerlos en persona, abrazarla y decirle "Está bien, hiciste todo lo posible" y asegurarle que aún estábamos aquí para ayudarla. Nos expresó su gratitud por nuestro apoyo incansable.

Si bien nos ocupamos de todo lo que pudimos en el breve tiempo que tuvimos, supimos desde el primer momento que, si hubiera llamado un año o incluso seis meses antes, podríamos haber evitado algunas pérdidas y protegido mucho más.

Como suele suceder en muchas parejas casadas, el esposo de Sabrina se ocupaba de las finanzas y le comunicaba lo mínimo indispensable. Esto implicó que, si bien ella nos informó de todos los activos que sabía, *eso sólo representaba una porción de lo que su esposo tenía.*

Era una situación precaria, y llegó al límite poco tiempo después de su muerte, cuando Sabrina recibió unas cajas de la oficina de su esposo. Revisando las cajas, encontró documentos que la horrorizaron. Primero, encontró la escritura de un condominio en Hilton Head, en Carolina del Sur. Cuando una propiedad se encuentra en forma de escritura, el propietario debe firmar su traspaso, cosa que ahora era imposible. También encontró un auto a su nombre siendo arrendado para su hijo. Dado que la titularidad del arrendamiento no había sido traspasada con anticipación, el auto fue embargado porque nadie hizo nada al respecto.

Antes, cuando estábamos revisando todos los bienes de la familia con ella, le preguntamos una y otra vez si había algo más de lo que tuviera conocimiento.

—No —respondía—. No tengo nada más.

—¿Estás segura?

La respuesta de todo el mundo es, por supuesto, "Sí, estoy segura, no tengo nada más… que yo sepa".

En situaciones como la de Sabrina, hacemos todo lo posible, tan pronto como es posible, para priorizar objetivos y alternativas para el patrimonio y el futuro de la familia. Desafortunadamente, sabemos muy bien lo que sucede cuando llegamos demasiado tarde.

Lo que me motiva todos los días —y lo que nos motivó a JR y a mí a escribir este libro— es ayudar a las familias a evitar situaciones como la de Sabrina. Su historia es demasiado recurrente. Quisiera, más que nada, que la historia de Sabrina fuera la última de su tipo, que toda esa mala suerte no cayera de nuevo sobre otra pareja o familia. La falta de comunicación inclusiva y voluntaria en un matrimonio es una tendencia que sigue vigente en la actualidad. Lo que necesitamos es que los esposos mejoren la comunicación con sus esposas y que ellas, a su vez, fomenten la conversación haciendo más preguntas.

¿POR QUÉ EL VALOR DE NUESTRA FAMILIA ESTÁ EN RIESGO?

En los comienzos de mi carrera financiera, asistí a muchos eventos en los que socializaba con parejas. La mayoría de las veces, cuando la pareja descubría que era banquera, el esposo empezaba a hablar de sus inversiones, y se notaba cómo la esposa se cohibía. Podía ver la incomodidad en su rostro mientras escuchaba la conversación en silencio, sintiendo que no le correspondía hablar o avergonzada por su desconocimiento de los temas en discusión.

—No te preocupes —me decía el esposo guiñando un ojo—. Después yo le explico. Estos comentarios no sólo son innecesarios, sino enormemente perjudiciales para el patrimonio de la familia. ¿No sería mucho mejor si la esposa estuviera informada? ¿No es probable que la esposa sea igualmente capaz de administrar el patrimonio familiar, considerando que estadísticamente es más probable que su esposo muera antes que ella?

Al principio, yo asentía educadamente, sin hacer mucho por ayudar a que la esposa entendiera en ese momento. Entendía que la cultura financiera de nuestra sociedad hacía mucho era territorio masculino. Una parte de mí aceptaba eso a regañadientes pero, hoy en día, sencillamente no puedo aceptarlo.

A lo largo de los años, estuve en demasiadas reuniones con viudas desconsoladas que no entienden ni lo más básico respecto del futuro financiero de su familia.

Luego de la muerte de su esposo, mujeres como Sabrina lloran conmigo, diciéndome que no tienen idea de qué hacer. Es muy triste saber que están intentando hacer el duelo, pero no pueden entregarse de lleno a la pena porque no saben qué van a hacer mañana o cuándo tienen que pagar las cuentas. Este es el catalizador que necesitaba para ayudar a motivar a las familias a que tengan una comunicación inclusiva con la pareja. Sé que esto requerirá un periodo de adaptación, pero hay que comenzar por algún lugar.

MUJERES: NADIE MEJOR QUE NOSOTRAS PARA DEFENDER NUESTROS INTERESES

En el pasado, era normal que las mujeres estuvieran desconectadas de todo lo que tuviera que ver con sus posibilidades financieras. La planificación de las finanzas era más que nada territorio de esposos y asesores varones.

Hoy en día, la sociedad ha cambiado, y hay más mujeres creando y ocupándose de su patrimonio. Ahora necesitamos formar parte del futuro de nuestras finanzas. Como muchas mujeres, creo que tenemos que hacernos cargo e informarnos por nuestra cuenta. No podemos depender por completo de que nuestros esposos nos enseñen lo que necesitamos saber.

Hoy en la actualidad, tenemos muchísimos recursos a los que las generaciones anteriores no tuvieron acceso, como internet, seminarios de finanzas y asesoras patrimoniales como esta servidora y su equipo. Debemos usar estos recursos para maximizar nuestra formación de modo que podamos administrar de mejor forma nuestro patrimonio, tanto con nuestras parejas como por cuenta propia.

Como mujeres, es normal que a veces nos sintamos un poco intimidadas por ciertas personas y, lamentablemente, nuestros esposos pueden estar entre ellas. Eso puede traducirse en que no recurramos a esa persona cuando necesitamos más información o que no se genere un nivel de confianza suficiente.

Deseo que las mujeres sepan que pueden contar conmigo, personalmente, como mujer, y con todo nuestro equipo.

Si tienes dudas sobre el significado de algo o qué hacer al respecto, no te haremos sentir que estás haciendo preguntas inadecuadas. Como asesoras, estamos aquí para enseñar. No siempre tuvimos las respuestas. Tuvimos que aprender con el tiempo. Aún hoy, seguimos aprendiendo todos los días y podemos ayudar a quienes lo requieran, a hacer lo mismo.

Lo que no podemos hacer es aceptar el statu quo, porque la aceptación conlleva los riesgos que describimos en este libro. Al contrario, tenemos que aprender a velar por nuestros propios intereses, así como el de nuestra familia.

Confundidas y enfrentadas con infinidad de decisiones por tomar y todas ellas en el peor momento posible y sin la experiencia necesaria ni el consejo de sus esposos, tenían que involucrarse en la administración del patrimonio familiar, estas viudas sienten que las preguntas no tienen fin. ¿Cómo pago una cuenta? ¿Tendremos suficiente para vivir? ¿Cómo hago para comprender la situación de nuestra familia?

En esos momentos de desazón, es particularmente difícil que las esposas confíen en mi consejo, porque apenas han hablado conmigo un par de veces. Es posible que hayamos hablado en algún evento, o intercambiado un saludo antes de que le pasara el teléfono a su esposo cuando yo devolvía una llamada.

Este doloroso escenario es endémico en la industria de las finanzas, siendo la realidad de muchas familias.

En los capítulos que siguen, explicaremos nuestro enfoque de valores familiares en riesgo o FVR para la administración de patrimonio. Es una forma más profunda e inclusiva para que las familias planifiquen y administren su patrimonio, una forma que tiene en cuenta el mayor riesgo para el patrimonio familiar a largo plazo: las estrategias tradicionales de la industria de las finanzas para la administración patrimonial.

Para definir mejor el valor familiar en riesgo y cómo aplica a ti, consideremos cada parte del término.

FAMILIA

"Familia" para nosotros es como la palabra "amor". Es una palabra fuerte, pero su simpleza suele opacar su significado. Para nosotros, no se refiere sólo a una línea sanguínea. Por ejemplo, yo siento que la definición de "familia" se relaciona con mi trabajo, nuestro equipo y las familias a quienes asesoramos. También hay muchas causas y comunidades que amo y que considero parte de mi familia de una u otra manera. Cuando alguien dice "familia", se me vienen a la mente todas las personas y cosas que amo.

Cuando estoy en una reunión o un almuerzo con clientes, puedo empatizar con lo que sienten cuando hablan de sus familias. Siento su dolor cuando hablan de las decepciones y de la adversidad que han enfrentado, y comparto su alegría cuando cuentan qué los hace felices. Esta forma de entender las dinámicas familiares (y todas las alegrías y tristezas que vienen con ellas) nos permite acercarnos más unos a otros y ello ayuda a que mi equipo y yo, tengamos una visión más exhaustiva y holística no sólo de sus finanzas, sino también de sus realidades, metas y sueños.

EL VALOR DE LA FAMILIA

A JR y a mí nos resulta difícil separar el lado inversor de una familia, todo lo que tiene que ver con su dinero, del lado familiar, el crecimiento, la comprensión, el amor y los valores compartidos. Los valores de una familia son los que motivan las decisiones familiares, incluidas las financieras.

El valor de una familia no lo definen únicamente el dinero y los activos. Ahora bien, el patrimonio es tu familia, tu legado y el futuro de la gente, las comunidades y causas que te importan. Si valoras el amor, la educación, el crecimiento, el trabajo duro, las relaciones o cualquier otra cosa, eso debería definir el enfoque de tu familia respecto de la toma de decisiones financieras.

VALORES FAMILIARES EN RIESGO

En el enfoque tradicional sobre el patrimonio familiar, normalmente hay un genearca que es al mismo tiempo el sostén familiar y quien toma las decisiones. Esta persona ha acumulado una cantidad considerable de dinero y activos y decide cómo será transferido o no.

Nuestra empresa ha trabajado con las mismas familias durante décadas, lo que nos permitió construir un vínculo con múltiples generaciones. En muchas de esas familias, el genearca original falleció hace tiempo y hoy trabajamos con sus nietos, bisnietos y tataranietos.

Lo que aprendimos con los años es que, si se organiza un plan financiero con sólo una persona o una generación en mente, en algún momento ese plan fracasará. Luego de una o dos generaciones, el patrimonio financiero y no financiero, desaparecerá si no se hace hincapié en los tres aspectos del patrimonio: caudal hereditario, activos y planificación de la herencia.

Actualmente, trabajamos no sólo con genearcas. Trabajamos con parejas, hijos y todas las partes involucradas hoy y mañana. La inclusión, la educación igualitaria, la transparencia: estos principios ayudan a las familias a preservar patrimonios, valores y todo aquello que la familia considera importante. Sin este enfoque, hemos visto patrimonios perderse en el riesgo.

LA DEFINICIÓN DE JR DE VALORES FAMILIARES EN RIESGO

Por mi experiencia en inversiones, "riesgo" siempre fue un término financiero usado para describir la volatilidad potencial de las inversiones en una cartera. Refería a cuánto de una inversión podía perderse "sin problemas" durante un periodo de volatilidad. Por ejemplo: una inversión de mayor riesgo podría ganar un veinte por ciento en un buen año, pero también podría perder un veinte por ciento del monto en un mal día.

Como gerentes de cartera, monitoreamos varios indicadores de riesgo para asegurarnos de que las inversiones de nuestros clientes cumplan con sus objetivos dentro de su tolerancia al riesgo. Anteriormente, sólo nos enfocábamos en los indicadores relacionados con el rendimiento, pero nos dimos cuenta de que no era suficiente.

A menudo, lográbamos un buen rendimiento, pero nos encontrábamos con que luego el patrimonio correspondiente se perdía por circunstancias financieras por fuera de las inversiones que administrábamos nosotros. Eran situaciones evitables, como una organización ineficiente del caudal hereditario, regalos hechos sin ninguna planificación, cargas impositivas o legales, y una planificación financiera que no excluía titularidades, fideicomisos o legados caritativos, por nombrar algunos ejemplos.

Con nuestro enfoque de FVR, monitoreamos mucho más los rendimientos de las inversiones para llevar un registro de todos los posibles riesgos para tu patrimonio. Entendemos que nuestra definición holística e inclusiva de planificación de patrimonio y riesgo se extiende más allá del enfoque tradicional, pero este es el momento de generar nuevas tradiciones; es lo mejor para todos.

UNA OPORTUNIDAD DE IR MÁS ALLÁ DE LO TRADICIONAL

Cuando comenzamos a trabajar con una nueva familia, sus miembros llegan a nosotros sin haber entrado en contacto con otro tipo de enfoque de administración de patrimonio que no sea el tradicional.

NORMAS DE LA INDUSTRIA DE FINANZAS Y PLANIFICACIÓN DE PATRIMONIO QUE CUESTAN CARO Y DEBEN CAMBIAR:

- Poner énfasis en el retorno de las inversiones y las tarifas por sobre todas las cosas.

- Dejar a esposas, hijos y todas las partes afectadas por las decisiones financieras fuera de las discusiones que los involucran.

- No tener en cuenta cosas previsibles por desestimar aportes que sólo las mujeres pueden hacer.

- No comprender que, estadísticamente, los hombres mueren antes que las mujeres y que esto tiene un impacto enorme en el resultado de la planificación financiera y el valor familiar.

- Dejar fuera del plan de patrimonio, toda consideración respecto de los valores familiares y valores no basados en el retorno.

- No explicar a los clientes todas sus opciones patrimoniales.

- No simplificar lo más posible lo complicado.

- Postergar decisiones hasta que ya es demasiado tarde, es decir, caer en parálisis a la hora de tomar decisiones.

Anteriormente, la norma era que los asesores siguieran las instrucciones de sus clientes. Los clientes informaban a sus asesores que tenían una cierta cantidad disponible para invertir y preguntaban cuál era la estrategia que les daría mayor retorno. En ese entonces, sólo hubiéramos tomado esa suma y la hubiéramos invertido de la mejor manera posible para obtener una ganancia mayor. Fin de la historia.

Sin embargo, como ya hemos mencionado, los tiempos cambian, las necesidades y expectativas de nuestros clientes en relación con su patrimonio han evolucionado. Tenemos ahora la oportunidad de enfocarnos no sólo en los retornos, trabajando con todo el valor financiero de una familia, incluidos los seguros, las propiedades y el valor privado de sus negocios, cuentas de inversión, cuentas de ahorros universitarios y otros balances que pueden y deben ser tomados en consideración.

> **Al llevar un registro de la totalidad del patrimonio, ayudamos a las familias a administrar sus activos, estructurar su caudal hereditario y traspasar sus valores y su legado de la mejor manera posible.**

Al llevar un registro de la totalidad del *patrimonio*, ayudamos a las familias a administrar sus activos, estructurar su caudal hereditario y traspasar sus valores y su legado de la mejor manera posible. Ello nos da la oportunidad de tener un panorama completo, con lo cual evitamos el riesgo, planificamos y administramos mejor tu patrimonio, te ayudaremos a tomar las decisiones que más se adecúen a ti y tu familia.

PARÁLISIS A LA HORA DE TOMAR DECISIONES

Ya hemos mencionado la frase *parálisis a la hora de tomar decisiones* un par de veces, pero ¿qué significa en realidad?

La parálisis a la hora de tomar decisiones puede darse por diversas razones, desde no comprender la situación a la que nos enfrentamos hasta no querer equivocarnos en la decisión a tomar. No es más que la naturaleza humana. Cuando se nos presenta una decisión demasiado compleja y no podemos dilucidarla por nuestros propios medios, tendemos a evitarla. Postergamos investigar o consultar con un experto porque nos parece una tarea titánica. Y, seamos sinceros, todos llevamos vidas ocupadas, con carreras y familias que atender. Mientras tanto, esas tareas ominosas se siguen posponiendo.

Otro caso es el de la indecisión ante una variedad de opciones. Por ejemplo, es fácil abrumarse ante la decisión de si dividir equitativamente entre tus hijos o darle más a los que más lo necesitan.

Aquí es donde un asesor es particularmente útil. Mientras que la mayor parte de la gente se paraliza estando sola y deja la decisión difícil para otro día, un asesor te mantiene enfocado y te ayuda a hacer una evaluación y evitar riesgos innecesarios.

¿CUÁLES SON LAS TAREAS QUE SE VEN AFECTADAS, EN GENERAL, POR LA PARÁLISIS A LA HORA DE TOMAR DECISIONES?

- **Redactar un testamento y un fideicomiso. ¿Por qué?**
  - No nos gusta el gasto que implica, en especial el costo de servicio.
  - Es desagradable pensar en la muerte y quién queda a cargo después.
  - No queremos ocupar nuestro tiempo con esto, cuando tenemos otras cosas más urgentes que hacer y la muerte

es algo lejano.

- **Cambios de titularidad. Muchos de nosotros evitamos hacer los cambios de titularidad de las siguientes cuentas, que deberían ser revisadas con regularidad:**
  - Casas y otros bienes inmuebles
  - Inversiones privadas
  - Cuentas de inversiones
  - Cuentas bancarias
- **Invertir. Como resultado, solemos cometer los siguientes errores:**
  - Abultar una cuenta de ahorros porque nos pone nerviosos tomar la decisión "incorrecta" frente a una inversión, y perdernos oportunidades en el mercado mientras tanto.
  - Sincronización de mercado.
  - Tomar malas decisiones, o no tomar ninguna, respecto de un seguro de vida.

¿CUÁLES SON LAS TRES ÁREAS DE MAYOR RIESGO PARA EL PATRIMONIO Y EL FUTURO DE TU FAMILIA?

A la hora de considerar los riesgos, hay tres áreas que ayudamos a administrar: caudal hereditario, activos y legado. Siempre que trabajamos con una familia, al tomar decisiones lo consideramos un todo que incluye estas tres áreas. Dicho esto, las familias no siempre se enfocan en estos tres temas al mismo tiempo. Una familia en crecimiento puede necesitar prestar atención a uno de ellos con mayor urgencia que los otros. Para los fines de este libro, vamos a explorar estas tres áreas en el orden mencionado.

Como ya mencionamos, nuestro enfoque de tres pasos se contrapone al enfoque tradicional de la industria. Normalmente, si los inversores sólo quieren discutir activos líquidos que pueden ser invertidos, los asesores sólo aconsejan en base a lo que tienen enfrente. Ambas cosas son perjudiciales para el patrimonio del inversor. Nuestro enfoque busca profundizar; esto requirió la inclusión de expertos en nuestro equipo que nos permitan a nosotros y a nuestros clientes expandir el campo de visión para observar la totalidad y no sólo lo que tenemos enfrente. Con estos expertos en el equipo, tenemos la capacidad de identificar las soluciones correctas y establecer los mejores resultados posibles para nuestros clientes. Al trabajar juntos, podemos ir más allá a la hora de planificar lo mejor para tu familia.

Ahora bien, antes de que nos adentremos en los beneficios de este enfoque, hablemos de los riesgos que acarrea un enfoque más limitado.

I. TU CAUDAL HEREDITARIO, EN RIESGO

Que haya riesgos en torno a tu caudal hereditario es normal, pero eso no los hace menos costosos. Algunos de los grandes riesgos pueden ser los que vimos en la historia de Sabrina, relacionados con la titularidad y la sucesión. A estos riesgos se suma la realidad de que la planificación patrimonial es compleja y muy particular a cada familia, cada Estado tiene sus propias reglas de manejo de caudal hereditario.

Más allá de la complejidad, la gente suele tropezar con los riesgos de la manera más simple: por no revisar regularmente su plan de patrimonio.

Por ejemplo, es posible que algunos de ustedes hayan creado un fideicomiso hace diez años. Durante esos años, es probable que su familia haya cambiado, que las situaciones hayan evolucionado y que lo que parecía un buen plan hace una década requiera ser actualizada.

Este es el caso, sobre todo, de los fideicomisos donde el benefactor ha fallecido, hubo un divorcio en la familia o alguna otra circunstancia que vemos con regularidad en las dinámicas familiares. No sólo eso, sino que las generaciones más grandes no suelen coordinar con las jóvenes cuando diagraman sus planes de patrimonio, lo cual puede ser un error costoso, en especial para los beneficiarios.

¿Cómo se pueden reducir los riesgos asociados con la planificación patrimonial? Haz que un asesor patrimonial colaborativo que esté familiarizado con tu plan de patrimonio recomiende e incorpore cambios a medida que tu vida va cambiando. Descubrimos que tener un abogado/contador público en el equipo nos abre la posibilidad de realizar una revisión rápida de los documentos y hacer las recomendaciones necesarias. Esta comunicación interna permite que los clientes escapen de la parálisis a la hora de tomar decisiones cuando la familia necesita atender asuntos complejos relacionados con la planificación patrimonial.

Nadie siente que necesita un plan de patrimonio hoy mismo. Sin embargo, en la vida siempre hay eventos inesperados y es por eso que tenemos que prepararnos con anticipación.

En los capítulos dos y tres, nos adentraremos en los riesgos patrimoniales y sus soluciones con mayor detalle. Tener un plan armado de forma temprana le evita a la familia dolores de cabeza y sufrimiento a futuro. Mantener ese plan actualizado, teniendo en cuenta todos los cambios legales, impositivos y de dinámica familiar, es esencial para evitar los riesgos que han afectado a tanta gente.

II. TUS ACTIVOS, EN RIESGO

Tu patrimonio incluye tus activos, como inversiones, propiedades, seguros, ingresos de negocios y más. Puede parecer obvio que estos elementos de valor contribuyen a tu patrimonio, pero la mayoría de las familias no hablan con su asesor financiero de todas, o siquiera la mayoría de sus inversiones.

Por ejemplo, consideremos el caso de un emprendedor típico llevando adelante su negocio. Digamos que tiene $500,000 invertidos en acciones y otros $500,000 en efectivo. La mayoría de los asesores llevarían un registro del retorno únicamente para la porción que fue invertida con ellos, en lugar de la suma total, lo cual podría ayudar a mejorar la situación financiera general.

Sumado a eso, digamos que el emprendedor tiene una porción grande de su patrimonio neto en una empresa privada. En lo que respecta a su perfil de riesgo, seguramente quisiera que las inversiones de activos sean un poco más conservadoras, dado que la empresa representa bastante riesgo. Al analizar la totalidad de los activos de la familia, en lugar de los activos líquidos que pueden ser invertidos, se tiene un panorama completo que genera mayor estabilidad en el patrimonio de ese emprendedor.

No obstante, la mayoría de las veces los asesores no tienen un experto en el equipo que pueda manejar todos los aspectos de la vida financiera de un inversor. Debido a la frecuencia con la que inversores buscan apropiarse de activos externos administrados por otras firmas, las familias tienden a mantener en privado muchas de sus inversiones externas. Es comprensible, pero, en definitiva, la falta de información obstaculiza el éxito. Tanto los asesores como los inversores son responsables de revisar el patrimonio familiar en profundidad con la finalidad de evitar riesgos.

Cuando trabajamos con familias, no siempre es necesario que administremos todo su patrimonio. Sólo necesitamos estar al tanto de cuál es la situación de titularidad y la ubicación de los activos para que podamos coordinar de la mejor manera posible y garantizar que su valor se perpetúe.

También sabemos que tener una visión completa de tus activos en un único lugar no sólo puede ser esclarecedor, sino que puede aliviar una porción no menor del estrés. Necesitamos una perspectiva holística de tu situación financiera para poder darte las mejores recomendaciones.

Tener un informe del patrimonio neto simplificado nos permite preparar un gráfico con todos tus activos en una página, lo que facilita la administración de la ubicación de tus activos, su diversificación y la planificación de ingresos. ¿Qué queremos decir con esto?

Imaginemos que tienes activos de retiro, quizás algunos 401(k)[2] u otro plan de retiro o de pensiones, cuentas tributables como cuentas individuales, conjuntas y fideicomisos. Se precisa un plan coordinado para diversificar y ubicar de la mejor manera posible tu patrimonio entre todas estas diversas cuentas de inversiones. Eso significa que, incluso si esos activos están administrados por distintas firmas, te convendrá trabajar con un asesor para tener un plan de administración integrado.

> **Se precisa un plan coordinado para diversificar y ubicar de la mejor manera posible tu patrimonio entre todas estas diversas cuentas de inversiones.**

En los capítulos 4 y 5 cubriremos los riesgos y soluciones de activos. Al discutir la amplitud de sus activos las familias tienden a mantener la guardia en alto, por lo que nos enfocamos en la comunicación. Como firma independiente, y como fiduciarios, precisamos estar familiarizados con el patrimonio total de la familia para poder recomendar opciones de planificación financiera, legales, impositivas,

---

2   401(k) es el plan de jubilación más popular en EE. UU. Es un acuerdo que permite a un empleado elegir entre recibir una compensación en efectivo o diferir un porcentaje de la misma a una cuenta llamada 401k.

de donaciones y de negocios para ayudarte a ti y a tu familia a tomar decisiones que los beneficien.

III. TU LEGADO, EN RIESGO

Cuando se trata de su legado en riesgo, toda familia debe ser consciente de dos puntos importantes. Hay una parte de tu legado que está ligada a tus activos y tu caudal hereditario: tu patrimonio material. Sin embargo, existe otro, y quizás más importante, aspecto de tu legado: uno que está ligado a los valores inmateriales como los valores morales, las creencias y las responsabilidades.

Cuando los genearcas planifican su legado, no sólo se preocupan por lo que sucede con su patrimonio material. También se preocupan por lo que sucederá con las personas, las causas y las comunidades que les importan. Planifican para que su patrimonio material pueda cumplir un rol duradero para continuar enriqueciendo aquello que aman, incluso mucho tiempo después de haber partido de este mundo.

Evitar riesgos para tu legado significa mucho más que tener un plan financiero bien elaborado para cuando mueras y a posteriori. Descubrimos que los legados más exitosos son aquellos que se traspasan con un alto grado de transparencia por parte de los genearcas. Cuando son honestos y comparten, las siguientes generaciones pueden responder favorablemente y convertirse en representantes responsables del patrimonio de la familia.

Observamos que el mayor obstáculo para traspasar un legado es la falta de comunicación tanto sobre los activos materiales, como bienes muebles e inmuebles, así como de los valores intangibles.

Estamos agradecidos de poder facilitar la comunicación al cumplir un rol útil para asesorar a nuestros clientes y a la siguiente generación. Es muy fácil malinterpretar los detalles de las inversiones. Educar a los hijos y nietos de una familia para que se conviertan en su mejor defensor financiero nos ayuda a todos, a tomar mejores decisiones y proporciona estabilidad y armonía al legado de una familia.

Cuando se discute un plan y un legado con todas las personas que componen una gran (y, a menudo, combinada) familia multigeneracional, la situación puede convertirse en estresante y/o complicada. Con nuestro enfoque buscamos quitar el estrés de la situación y nos esforzamos por alcanzar la simplicidad.

Cada cliente tiene su propio nivel de comodidad a la hora de proporcionar información financiera, y este nivel puede cambiar a lo largo de la vida. Tuvimos genearcas reacios a compartir cualquier detalle financiero con sus hijos y nietos en un principio. Al comprender la importancia de que ellos conozcan sobre ello, y el poder de la educación para prevenir los riesgos, comenzaron a aceptar la idea de comunicación abierta.

Sin importar cuál sea tu nivel de comodidad, creemos que es necesario que se conozca dicha información. Incluso si solo revisamos la estructura general del patrimonio familiar, explicando las diversas entidades sin hacer referencia a cifras monetarias. A partir de allí, creemos en trabajar con tus hijos para construir su propio plan financiero. En nuestra firma educamos simultáneamente a aquellos hijos y nietos para que puedan convertirse en representantes responsables del patrimonio de la familia.

Después de trabajar con las generaciones futuras a lo largo de los años, hemos tenido muchos genearcas que se jactan de cuán orgullosos están de sus hijos. Han visto a sus hijos desarrollar una nueva compresión del mundo de las inversiones y un sentido de responsabilidad sobre el patrimonio de la familia. A menudo, esta comprensión compartida es suficiente para inspirar una comunicación completa y para alentar a las generaciones previas a abrir el telón.

Finalmente, creemos que al compartir este mensaje contigo,

podemos tener una influencia positiva en cómo nuestros clientes y la industria financiera en general abordan el tema del patrimonio. Creemos que este mensaje puede ayudar a obtener mejores resultados para la sociedad, creando un impacto más positivo y duradero sobre nosotros y principalmente para las generaciones venideras.

La única pregunta restante es: ¿cómo lo hacemos *exactamente*?

NUESTRO ENFOQUE PATRIMONIAL INCLUSIVO Y CENTRADO EN LA FAMILIA

Cuando se trata de las finanzas de tu familia, no es fácil tomar decisiones. Las normas tradicionales generalmente resultan en que la familia se vea forzada a tomar una decisión después de la muerte del sostén y tomador de decisiones principal. Este tipo de decisiones no planificadas pueden terminar siendo innecesariamente costosas y difíciles. Es por eso que es mejor planificar por adelantado: para ayudar a evitar sufrir de parálisis a la hora de tomar decisiones, lo que puede resultar en efectos aún más devastadores.

Como asesores patrimoniales, JR y yo sabemos que una mala planificación y/o inadecuada toma de decisiones pueden representar un gran riesgo al patrimonio de una familia, pero mientras más eduquemos a nuestras familias incluyamos a todas las partes involucradas en la planificación financiera (en especial a los cónyuges) y expandamos la definición tradicional de valor más allá del rendimiento económico, mejor podremos proteger de riesgos a tu patrimonio. Es tu responsabilidad tener un rol activo en tu comprensión y la de tu familia y es nuestra responsabilidad ser tu guía.

Escribimos este libro para que sea una guía instructiva de fácil lectura sobre nuestro enfoque sobre la administración del patrimonio y el futuro de una familia. En los próximos capítulos te presentaremos a las familias Archer, Bates, Carpenter y Daniels. Compartimos sus historias de inspiración y sus tribulaciones para ayudarte a aprender de las experiencias y perspectivas de otros clientes, para que puedas aplicarlas a tu propia vida.

Las historias que incluimos deberían ayudarte a comprender el *por qué*. Por qué este libro y aplicar su guía pueden transformar tu vida.

Estas familias son una mezcla de nuestros clientes y sus experiencias de la vida real, aunque cambiamos sus nombres y características identificatorias para proteger su privacidad. Nos apasionan estas historias debido a cuán cercanas son a todos nosotros. Contar historias nos ayuda a aprender de las situaciones que viven otras personas, a anticipar oportunidades para nuestra propia familia. Deseamos que estas historias te proporcionen un grado de claridad y confianza sobre cómo navegar tu propia situación, así como reflexiones sobre cómo avanzar.

El desarrollo general del libro te llevará a través de las tres grandes áreas de riesgo para el patrimonio familiar (caudal inmobiliario, activos y legado) y presentará un conjunto de subtemas e historias relacionados para mostrarte nuestro enfoque orientado a la familia y a la administración patrimonial.

Respecto de las reflexiones en cada capítulo, el *cómo*, hemos compartido un conjunto de temas y soluciones que amplían nuestro enfoque sobre cómo ayudar a las familias a enfrentar los riesgos. Los temas incluyen recomendaciones para evitar riesgos de activos, caudal inmobiliario y patrimonio y cómo diagramar un mejor plan de patrimonio para usted y sus seres queridos. Los temas predominantes que cubriremos incluyen la comunicación y cómo lidiar con la parálisis a la hora de tomar decisiones, que abarcan a los tres temas principales.

Escribimos *Valores Familiares en Riesgo* para que sea una llamada de atención para familias como la tuya y para toda la industria. Debemos comenzar a unir la idea de "valor" a los valores de la familia y a concebir una versión más moderna, holística, abarcadora e integrada de planificación patrimonial familiar.

Para poder cumplir estos grandes objetivos, creemos que la industria financiera debe ser más inclusiva como profesión. Cuando asesores tanto hombres como mujeres colaboran para compartir sus puntos de vista con los clientes, los resultados generales pueden resistir el paso del tiempo. La inclusión e igualdad crean una experiencia más positiva para todos los que trabajamos en la industria, además de contribuir a crear una mejor experiencia para el cliente. Y, cuando las familias se acercan en forma igualitaria (incluidos cónyuges y todas las partes relacionadas), podemos tener en cuenta toda la dinámica familiar que afecta a su patrimonio. Solo entonces podemos realmente preservar los valores familiares frente al riesgo.

EL PODER DE LAS PERSPECTIVAS DIVERSAS: POR QUÉ NECESITAMOS MÁS MUJERES EN EL MUNDO DE LAS FINANZAS

Sabemos que el mundo evoluciona rápidamente, pero en algunas áreas es más difícil encontrar evidencia de esa evolución. Mientras que las mujeres componen casi el cincuenta por ciento de los empleados de servicios financieros, representan solo un mero 15 por ciento de los ejecutivos de la industria.[3] Si nuestro verdadero objetivo es ayudar a las familias a prosperar, esto tiene que cambiar.

Tener un rango diverso de opiniones y perspectivas es clave para construir un panorama completo cuando se trata de patrimonio familiar. Esto significa que debemos ampliar las conversaciones para incluir a las mujeres de la familia y a las asesoras por igual.

Ciertamente no ha sido fácil para las mujeres irrumpir en el típico "club de hombres" que es la industria de la administración patrimonial. Esta y muchas otras razones son el motivo de la ausencia de mujeres en el campo financiero.

Asesorar se trata de ayudar a familias a sortear algunos de los obstáculos más difíciles de la vida, celebrar sus hitos más significativos y proveer a sus seres queridos mientras están vivos y después de fallecer. Se trata de proporcionar a las personas herramientas útiles que puedan utilizar para tomar las mejores decisiones posibles, sin importar a lo que se enfrenten.

Creemos que si más mujeres comprendieran el verdadero objetivo del trabajo, o lo que podría ser, considerarían tomar este camino y la industria comenzaría a beneficiarse de parte de la diversidad que necesita con tanta desesperación.

---

3   "Five Things You Need to Know About Women in Finance," *Forbes*, 5 de junio de 2018, https://www.forbes.com/sites/forbesmarketplace/2018/06/05/5-things-you-need-to-know-about-women-in-finance/#694b99014e77.

CAPÍTULO 1 LECCIONES APRENDIDAS

1. **Comunicación abierta entre todas las partes, incluidos cónyuges, niños, asesores y otros centros de influencia.**

   a. Se asegura de que todos estén en la misma página.

   b. Ayuda a asegurar mejores resultados en general.

2. **Enfrentarse a la parálisis a la hora de tomar decisiones.**

   a. Enfrentar cada tarea, un paso a la vez.

   b. Establecer guías y fechas límites para mantenerte por el buen camino.

3. **Mantenerlo simple.**

   a. No te conformes con tener que leer cincuenta páginas de material para encontrar el rendimiento de tus cuentas. Solicita a tus asesores simplicidad para que nada escape a tu atención y comprensión.

PATRIMONIO FAMILIAR EN RIESGO

En el capítulo 2, JR nos presenta a la familia Archer que, a lo largo de generaciones, ha ejemplificado el enfoque de valores familiares frente a la planificación patrimonial. Explica cuáles son los grandes riesgos para los patrimonios, como los trámites testamentarios o no mantener tu plan actualizado. Te enfoca en cómo comprender tu testamento, prepararte para enfrentar esos riesgos patrimoniales y prevenir los eventos de la vida que pueden desbaratar el futuro de tu familia. Además, Vanessa comparte una historia personal acerca de qué la llevó a tomar la decisión de comenzar su propia planificación patrimonial.

Hace muchos años, en un evento benéfico, nos presentaron a una familia emprendedora: los Archer. Los Archer nos causaron una impresión positiva inmediata. Poco después de ese evento nos convertimos en sus asesores financieros. Trabajamos juntos para expandir su enfoque más allá del rendimiento de capital invertido hasta su patrimonio general. A lo largo de generaciones, han demostrado ser una familia que, ante todo, prioriza la armonía.

Como aprendimos en el capítulo 1, muchos inversores y asesores tradicionalmente aplican una definición limitada y excluyente del patrimonio. Hoy entendemos el poder que hay detrás de una definición más amplia del patrimonio, en la cual se incluya todo el caudal hereditario, los activos y el legado de una familia.

Los Archer se convirtieron en el modelo de esta definición inclusiva del patrimonio. A medida que fueron pasando las décadas, se preocuparon más por las dinámicas familiares y por transmitir responsablemente un legado de protección patrimonial. Esto representó una enorme diferencia en la capacidad de la familia para evitar aquellos riesgos que, lamentablemente, tienen un impacto negativo sobre tantas otras familias.

Desde el comienzo de nuestra relación de asesoramiento a la familia Archer trabajamos con ambos genearcas mayores. Eran los sostenes originales y quienes tomaban las decisiones. Con eso en mente, ambos cónyuges venían a las reuniones sobre inversiones. En muchos sentidos, los Archer fueron pioneros en su tiempo con respecto a la industria financiera y ese era uno de los motivos por los que los admirábamos tanto.

Los Archer tenían un negocio familiar y, con los años, separaron parte de sus ingresos para diversificarlo en una cartera con nosotros. Más adelante, les ayudamos a vender su negocio y a administrar la liquidez resultante. Una vez que ampliamos su patrimonio y diversificamos su cartera, trabajamos diligentemente con la pareja en su caudal hereditario, sus activos y su legado.

Después de obtener las ganancias inesperadas del negocio, ayudamos a coordinar estrategias de patrocinio para establecer cuentas de fideicomiso para los hijos y trabajamos proactivamente con la pareja para enseñar a la siguiente generación cómo ser administradores responsables del patrimonio de la familia.

A lo largo de los años hemos establecido relaciones individuales con cada uno de los cinco hijos de los Archer. Hoy en día, no somos solo sus asesores financieros, sino que nos consideramos parte de su familia extendida. En muchos aspectos, la familia Archer ha crecido junto con nuestra firma. Su enfoque hacia el patrimonio evolucionó junto con el nuestro y estamos orgullosos de servir hoy en día a la cuarta generación de la familia.

Como muchas personas que han salido adelante con su propio esfuerzo, el matrimonio Archer original se preocupó desde temprano por cómo traspasar a la siguiente generación su patrimonio de la mejor forma posible para ellos y su futuro. Les preocupaba que si les legaban demasiado, pudieran crear una situación en la que sus hijos y nietos no fueran tan prudentes con su patrimonio como deseaban que fueran las siguientes generaciones y que pudieran depender eternamente del dinero que recibieron por parte de las generaciones anteriores. No sería ni la primera ni la última vez que generaciones posteriores gastan imprudentemente la herencia de sus antepasados.

Como sus asesores financieros, tuvimos un papel importante a la hora de asegurar que el patrimonio quedara en buenas manos: las de un equipo multigeneracional. Mientras que nuestro fundador, Gene, está más cerca de la edad de los genearcas, Vanessa y yo estamos más cerca de la de los hijos y nietos. Hemos logrado establecer una relación y trabajar bien con las generaciones más jóvenes, ayudándolos a construir lentamente su educación financiera.

A medida que el matrimonio Acher vio que las generaciones siguientes aprendían prudencia y se convertían en administradores capaces de sus finanzas, se sintieron más inclinados y más abiertos a patrocinar fideicomisos. Una vez que vendieron su negocio, pudieron transferir un caudal hereditario sustancioso a las generaciones siguientes.

Desde entonces, la familia ha sido capaz de incrementar su patrimonio en base al patrimonio original. Han dejado que se multiplique y se desarrolle permitiendo, a su vez, que ayude a complementar los ingresos de las generaciones siguientes. Los genearcas Archer, nuestros clientes originales, fallecieron cuando tenían más de noventa años y, en gran parte, gracias a su prudencia, toda la familia Archer continuó prosperando a lo largo de los años.

Por supuesto que la familia ha tenido sus momentos de dificultades, pero sus miembros han sido capaces de mantener la estabilidad de su patrimonio. Otras familias no las han sorteado tan bien y han experimentado una inestabilidad financiera que solo agrava sus desafíos, incluso convirtiéndolos en tragedias permanentes.

¿Qué podemos aprender de los Archer?

Desde el comienzo, ambos cónyuges se comprometieron a colaborar en las decisiones de la familia. Luego, expandieron el proceso para incluir a sus hijos. El hecho de que el patriarca no haya sido la única persona tomando decisiones en nombre del patrimonio familiar fue un gran diferenciador para ellos.

Aunque el patriarca falleció hace algunos años, seguido por la matriarca al poco tiempo, la familia continúa honrando sus deseos respecto de la administración y el uso de su patrimonio. Fue este compromiso original con la colaboración conyugal y multigeneracional lo que contribuyó enormemente a las décadas de armonía y estabilidad financiera de la familia.

Como mencionó Vanessa en el capítulo 1, era mucho más normal antes que el sostén principal de la familia tomara las decisiones financieras sin compartirlas con la familia. Luego de la muerte de la persona que tomaba las decisiones, a menudo esas familias debían desentrañar desastres financieros y se veían forzadas a tomar rápidamente decisiones que no eran las mejores para sus intereses a largo plazo.

Hemos visto estas desafortunadas situaciones suceder una y otra vez. Parte de lo que nos motivó a escribir este libro es proponerle a la industria el desafío de adoptar un enfoque diseñado para evitar estos riesgos y priorizar el patrimonio y la armonía familiar.

La familia Archer y sus generaciones posteriores son un gran ejemplo de lo que puede lograr una familia cuando aplica una definición más inclusiva al enfoque FVR al patrimonio. No siempre es fácil, pero vale la pena cuando observas la estabilidad que puede traer a las dinámicas de una familia.

TU CAUDAL HEREDITARIO, EN RIESGO

Hemos dividido la guía de este libro en tres áreas principales de riesgo: caudal hereditario, activos y legado. En este capítulo y el siguiente exploraremos tu caudal hereditario. Esto puede parecer ilógico: cuando se trata de planificación financiera, la mayoría de las personas piensa primero en sus activos. Sin embargo, tu caudal hereditario amerita consideraciones significativas desde el inicio porque representa el *mayor* riesgo. Si tu caudal hereditario no se encuentra en orden, las consecuencias (impositivas y de otro tipo) podrían llegar a contrarrestar treinta años de rendimiento compuesto de capital invertido. Eso lo convierte en algo bastante urgente.

Yo crecí en el "viejo mundo" del asesoramiento. Imagínate al típico corredor de Wall Street, el hombre de la oficina principal ofreciendo una nueva oferta a su cliente mientras fuma una pipa. Lo único que importaba era el rendimiento del capital invertido. Amasaba tanta riqueza como le fuera posible y luego dejaba que los abogados y contadores se ocuparan del resto.

A simple vista, los resultados eran buenos. Esta mentalidad

resultaba en un buen rendimiento para los clientes y riesgos de inversión minimizados, y podíamos estimular el crecimiento para el valor general de las carteras. Sin embargo, bajo la superficie, comenzamos a notar algunas tendencias poco deseables.

A menudo debíamos trabajar con un inversionista para acumular riquezas solo para ver cómo la familia perdía una parte significativa de la misma en los trámites testamentarios. Pasábamos años asesorando a un inversionista solo para verlo fallecer, y que luego quede su cónyuge que debía comenzar de cero.

Una vez que has experimentado la mayoría de los riesgos que describe Vanessa en el capítulo 1, te das cuenta de cuánto más valor podemos ofrecerle a los clientes adoptando un enfoque holístico.

A medida que fuimos aceptando el enfoque FVR y las dinámicas de toma de decisiones de ambos cónyuges, pudimos implementar un proceso mucho más profundo. Ahora podemos descubrir el patrimonio y los valores que nuestros clientes intentan transmitir y ayudarlos a lograrlo exitosamente.

Los méritos de las carteras de inversión de alto rendimiento significan poco si no se integran con el resto del caudal hereditario de una familia, incluidas las generaciones venideras. El caudal hereditario se puede perder debido a situaciones legales o impositivas no previstas. Comprender esto ha revolucionado nuestro enfoque.

Servir a las familias utilizando este nuevo enfoque es mi pasión de cada día. Creo que, si más firmas replicaran lo que estamos haciendo, todos tendríamos resultados mejores. Tenemos la oportunidad de lograr armonía y estabilidad duraderas para las familias. Si somos conscientes del verdadero valor de una familia y superamos los riesgos de hoy, todos disfrutaremos de un mejor mañana.

Este futuro brillante comienza con la deducción inversa del patrimonio de tu familia, comenzando con el plan de caudal hereditario. Si solo te enseñamos que priorices la planificación del caudal hereditario mientras lees este libro, entonces habremos logrado un gran avance. Para hacer esto, te ayudaremos a comprender tres factores:

- Consideraciones clave al escribir un testamento;

- Adjudicación de tus activos para evitar riesgo en los trámites testamentarios;

- Impuestos al caudal hereditario con respecto a los umbrales federales y estatales.

TU TESTAMENTO

Estoy seguro de que has escuchado esta pregunta muchas veces: *"¿Tienes un testamento?"*

¿Qué es lo que realmente quiere saber la gente al hacerte esta pregunta? *Cuando tú (y tu cónyuge) mueran, ¿qué sucede legalmente con tu patrimonio y las personas que dependen de ti?*

Aquí tienes una respuesta: Sin un testamento, las cortes deciden por ti.

Es una respuesta bastante sencilla, pero no es un punto sencillo de resolver. Y, en esto, soy tan culpable como muchos de ustedes.

> Sin un testamento, las cortes deciden por ti.

Después de tener hijos, finalmente me obligué a escribir uno. La mayoría de las personas evitan escribir un testamento porque dejar todo en orden planificando para el momento de tu muerte suele ser un proceso emocional y largo. La situación puede ser especialmente desafiante si tú (y tu cónyuge) tienen una familia moderna que involucra a una mezcla de personas dependientes de ustedes y familiares.

Ahora bien, ¿sabes qué es peor que escribir un testamento? Cargar a tu familia y a las cortes con las decisiones que no tomaste cuando podrías haberlo hecho. Hemos visto a algunas cortes decidir cómo debe manejarse una familia y un patrimonio cuando no hay un testamento y no suele ser la mejor de las situaciones.

¿Qué sucede si no tienes demasiado dinero? Si tienes niños igual necesitas escribir un testamento. No puedes sencillamente asumir que un familiar los cuidará. Antes de pasar al cuidado de sus familiares, una corte adjudicará la decisión en lugar de lo que habría descrito directamente un sencillo testamento.

Uno de nuestros clientes, Ben, un miembro de la tercera generación de la familia Archer, se encontraba en el proceso de crear su propio testamento y fideicomiso. Luchaba con lo mismo que luchamos muchos de nosotros: sentarse con un abogado y escribirlo. Ben tiene dos hijos pequeños, un niño de dos años y una niña de cuatro años. Vino hace poco a nuestra oficina a discutir su plan. —Ben, ¿dónde está tu testamento? —le pregunté—. ¿Qué sucederá si tú y tu esposa mueren? ¿Qué harás?

—Ya hemos decidido que los cuidará el hermano de mi esposa —dijo.

—Bien —respondí—. ¿Lo tienes por escrito?

Ben se encogió de hombros. —Mi cuñado ya aceptó. Lo oficializaremos más adelante.

El único "testamento" que tenía al momento era una hoja de papel que habían escrito con su esposa. Lo habían creado unos años antes, cuando se iban en un viaje y necesitaban algo por escrito respecto de qué debía suceder con su hija en caso de que pasara algo. Sin embargo, lo habían escrito rápidamente y no lo habían actualizado desde entonces. Esto era particularmente problemático porque, desde que habían hecho ese borrador, habían tenido un hijo que no estaba incluido en el mismo.

Quizás la corte aceptara ese documento pero, ¿y si no lo hacía?

Es crucial asegurarse de comenzar a escribir un testamento tan pronto como comienza a crecer tu familia. Incluye a cualquier hijo no nato y asegúrate de actualizarlo a medida que se agranda tu familia para evitar cualquier problema respecto de su cuidado y herencia. Hacerlo quizás represente un desafío emocional, pero le ahorrará a tu familia y a quienes dependan de ti una carga que no les corresponde.

Puede que suene demasiado entusiasta al insistirles a Ben y a ti para que escriban su testamento. Quizás seas joven como Ben. Y la mayoría de las personas jóvenes creen que *no* morirán pronto, me incluyo. No obstante, la realidad es que lo inimaginable sucede todos los días y necesitamos estar preparados para proteger de la mejor forma posible a nuestra familia.

En conclusión: debes tener un testamento, especialmente si eres joven y tienes personas que dependen de ti y no son adultas todavía. Si no tienes un testamento listo, deja el libro y toma los primeros pasos para comenzar a escribirlo.

MANTENER TU TESTAMENTO ACTUALIZADO

Cuando eres mayor, el testamento se vuelve un problema menor. Importan más el/los fideicomiso/s que tienes.

Cuando tienes entre treinta y cuarenta años y tienes hijos pequeños, un testamento debe detallar quién se ocupará de cuidar a tus hijos, una preocupación crucial, pero cuando son adultos el testamento solo debe ocuparse de tus activos.

En ese momento, seguramente te encuentres con que debes ocuparte de menos detalles. Puede que tu testamento se convierta, esencialmente, en un texto de dos líneas dando instrucciones al lector de mover cualquier activo que tengas a tu fideicomiso. Independientemente de esto, mantener tu testamento actualizado es de lo más importante.

Recientemente, un amigo mío estuvo muy enfermo. Siempre dijo que quería dejar una parte de su seguro de vida para su madre y el resto a sus hijos. Cuando le pregunté si había actualizado su plan para que reflejara sus deseos, me respondió que sí. Había hablado con la administradora de planes de su oficina y estaba seguro de que ella lo había actualizado. Le dije repetidas veces que se asegurara y me dijo que lo haría.

Lamentablemente, falleció a la edad de cincuenta y nueve años. Resulta que nunca se realizaron las actualizaciones. Lo que él olvidó, como les sucede a muchas personas, es que no tomar las medidas necesarias siempre trae consecuencias. Afortunadamente, los hijos cumplieron con el deseo de su padre y decidieron darle a su abuela el regalo prometido durante el lapso de diez años para no exceder el monto de exclusión anual.

Otro beneficio de nuestro enfoque recomendado es familiarizarse no solo con los términos y detalles de tu testamento sino también con tu familia. De esa forma, si es necesario realizar cambios, podemos ayudar a ponerlos en tu radar e incluirlos en tu testamento y/o fideicomiso(s). En las últimas etapas de la vida, tus fideicomisos son más importantes, pero un testamento siempre es necesario, sin importar tu edad o cuánto dinero tienes, así tengas $10.000 a tu nombre o miles de millones de dólares en el banco. Todos necesitan un testamento, especialmente las personas con hijos.

El futuro de tus hijos es más importante que cualquier otra decisión patrimonial para la que tengas que armar un plan. Si todavía no has creado un testamento, espero que esto sea un llamado de atención. Y si tienes uno, ojalá te tomes un momento ahora para asegurarte de que esté actualizado y así evitar a tu familia dolor adicional e innecesario.

LA PERSPECTIVA DE VANESSA: LA PESADILLA DEL AVIÓN

Honestidad brutal: a pesar de tener un testamento y un fideicomiso actualizados, personalmente me encontré en una situación que me enseñó una valiosa lección.

Estábamos yendo en unas vacaciones familiares a México. No fue hasta que el avión despegó y nos enfrentamos a una fuerte turbulencia que abracé a mis hijos y comencé a rezar. Luego miré a todos mis familiares en el avión y me pregunté, *¿qué sucede si nos estrellamos y todos morimos?*

En el avión conmigo estaban mi madre, mi padre, mi primo y su hija, mis dos hermanas, sus esposos, sus hijos y mis hijos. Básicamente, ¡todas las personas a las que planeaba dejarles algo se encontraban en el avión!

Me avergüenza un poco compartir esta historia pero lo hago porque fue una gran lección para mí. Para empezar, me di cuenta de que nunca debo poner a toda mi familia en un solo avión. Sé que suena a sentido común, pero es posible que no pienses en eso cuando haces reservas para un viaje. Sin embargo, la mayor lección para mí fue que tenía que reevaluar mi plan y asegurarme de que contemplara todas las situaciones.

Cuando volví a mi hogar, revisé mi testamento y mi fideicomiso. Tenía beneficiarios para el Plan A y el Plan B, pero luego decidí ir un paso más allá y agregué un Plan C, un amado amigo de la familia que es muy poco probable que viaje con la familia.

En ese viaje aprendí que, aunque tener un Plan B puede

parecer suficiente, es importante tener siempre un Plan C. El Plan C es necesario. Entiendo que es horrible sentarse con un abogado y responder todas estas preguntas. —Bien, si muere tu hermana, ¿qué harás?

—Entonces tengo a mi otra hermana.

—¿Y si muere tu otra hermana?

Es fácil sentir que tu abogado está asesinando a toda tu familia con sus palabras. La realidad es que, en este caso, eso podría haber sucedido en el avión. Eso convierte al Plan C en algo esencial. ¡No lo establezcas y te olvides de él! Reconsidéralo, reevalúalo y realiza ajustes.

EL RIESGO DEL TRÁMITE TESTAMENTARIO PARA TU CAUDAL HEREDITARIO: CÓMO EVITAR SORPRESAS

Hablemos del trámite testamentario: se trata del proceso judicial de autenticación de un testamento y de la distribución de tu caudal hereditario. ¿Tus cuentas corrientes y de ahorro están bajo título de tu fideicomiso o de copropietarios? Una cuenta bancaria a tu nombre es solo un ejemplo de un activo que potencialmente esté sujeto al trámite testamentario cuando mueras. Cualquier activo que permanezca a tu nombre individual, con excepción de las cuentas de retiro individual (por ejemplo, IRA, 401(k), otro plan de retiro o de pensiones, etc.) pueden estar sujetas al trámite testamentario.

El valor de tu patrimonio también puede activar un trámite testamentario. Incluso los patrimonios planificados muy cuidadosamente pueden requerir un trámite testamentario si el valor de los activos incluidos en el testamento excede al monto máximo que tu estado permite que se transfiera bajo un afidávit de pequeños patrimonios[4]. Específicamente, en Illinois, si tienes cualquier cantidad superior a $100.000 a tu nombre, está sujeta al trámite testamentario por parte de la corte. Por ejemplo, si tienes $600.000 a tu nombre individual, todo el monto está sujeto al trámite testamentario. Si tienes $99.999 puedes transferirlo sobre la base de tu testamento sin que tenga que estar sujeto al proceso de trámite testamentario de la corte.

Muchos clientes generalmente se enfocan solo en sus bienes inmuebles y activos financieros. Sin embargo, es preciso considerar todos los activos que se incluyen en el testamento. Los activos que se encuentran bajo tu nombre individual se transferirán sobre la base de las estipulaciones de tu testamento. Los activos comunes que los clientes se olvidan de considerar al determinar si se exceden el monto máximo permitido incluyen muebles, joyas y automóviles, así como propiedades de las cuales son dueños como copropietarios.

Muchos testamentos ahora permiten que el testador (la persona que escribe el testamento) deje un memorándum declarando quién debe recibir determinados artículos como muebles, joyas y arte que la persona fallecida acumuló durante el transcurso de su vida. ¿Qué sucede si no haces esto? Podemos tomar dos casos de clientes recientes para ejemplificarlo.

Durante una visita a la familia de un cliente recientemente fallecido, la abogada recibió un memorándum escrito por la persona fallecida enumerando ciertos artículos de propiedad personal y declarando quién quería el cliente que recibiera cada artículo enumerado. Muchos de los artículos eran de gran valor monetario. Ya solo contando estos artículos el caudal hereditario debía pasar por trámites testamentarios.

A menudo las familias no piensan en esto. En cambio, sencil-

---

4   Por ejemplo, $100.000 en Illinois.

lamente transfieren estos artículos a las personas que desean luego de que fallezca el propietario original y nunca consideran que quizás deban incluirse en el trámite testamentario del caudal hereditario, ya que la propiedad generalmente está determinada por posesión y no por título registrado, como sí sucede con un automóvil o una lancha. Esto puso a la abogada en una situación complicada. No sería ético preparar una declaración jurada, que debe ser firmada bajo pena de perjurio, sin enumerar estos activos.

Este problema se podría haber evitado si el cliente hubiera firmado una asignación de bienes propios transfiriendo toda la propiedad que no tiene un título registrado al fideicomiso del cliente. Era demasiado tarde para aplicar esa sencilla solución porque el cliente ya había muerto.

Otro abogado fue a la casa de un cliente agonizante para despedirse y asegurarse de que los asuntos del cliente estuvieran en orden. Cuando el abogado estacionó, la puerta del garaje estaba abierta. ¡El abogado advirtió que había dos automóviles relativamente nuevos en el garaje! Al investigar, determinó que ambos automóviles estaban a nombre del cliente moribundo. Afortunadamente, el abogado tuvo suficiente tiempo como para correr al Departamento de Vehículos Motorizados y transferir los títulos a nombre de la esposa del cliente. De lo contrario, el valor de esos automóviles hubiera puesto a los activos de trámite testamentario del cliente por sobre el pequeño límite estatal.

La cuestión con los fideicomisos (generalmente un fideicomiso en vida revocable) es que debes financiarlos durante tu vida. Es decir, para evitar el trámite testamentario, tus activos líquidos e invertidos deben estar en tu fideicomiso y/o su titularidad debe estar a nombre de tu fideicomiso. Ten cuidado; hemos visto inversores dar por sentado que, una vez que estableces un fideicomiso, la titularidad de tus activos automáticamente pasa a estar a nombre de tu fideicomiso. Ese es un error. Debes mover físicamente tus activos al fideicomiso y/o cambiar la titularidad de los mismos a tu fideicomiso.

Imagina que mueres mañana. Es posible que todo ese gran rendimiento de capital invertido no beneficie a tu familia de la forma en que querías considerando la cantidad que se podría perder durante el trámite testamentario. ¿Por qué tomar ese riesgo?

¿Qué deberías hacer ahora mismo para ayudar a proteger tus activos para las generaciones venideras? Si tienes un fideicomiso en vida revocable, asegúrate de asignar la tenencia de todos tus bienes personales tangibles no titulados al fideicomiso que puedas. Además, asegúrate de que todo bien que tengas esté titulado para que no se incluya en el trámite testamentario de tu caudal hereditario.

EL LÍMITE DE TRÁMITE TESTAMENTARIO DE TU ESTADO Y LOS IMPUESTOS ESTATALES

Como mencioné anteriormente, al 2019, el límite de trámite testamentario de Illinois es de $100.000. Ese monto es específico a Illinois. En cada estado es diferente, así que asegúrate de verificar cuál es el límite aplicable en tu estado.

Hago hincapié en los impuestos y las leyes de trámite testimonial de tu estado porque la mayoría de las familias solo piensan en la ley federal y no consideran a la estatal. Puede que tengas que cargar con riesgos adicionales si no tienes en cuenta el impuesto estatal al límite del trámite testamentario particular de tu estado.

Al 2019, el límite impositivo sobre el caudal hereditario en Illinois es de $4 millones. Esto significa que no es necesario que una familia tenga más de $20 millones para planificar su caudal hereditario. Si vives en Illinois y tu caudal hereditario es mayor que $4 millones, es posible que esté en riesgo.

Cuando trabajamos en la planificación del caudal hereditario con nuestras familias, les ayudamos a comprender los pormenores del trámite testamentario, los fideicomisos y las cuentas individuales. Al tener un conocimiento de todos sus activos y su titulación, no solo podemos evitar el trámite testamentario sino que, a menudo, minimiza o evita cualquier impuesto estatal innecesario.

CONCLUSIÓN: PREPÁRATE PARA ADMINISTRAR TU PLAN DE CAUDAL HEREDITARIO

Hemos explicado cómo te beneficias al priorizar tu testamento y comprender los riesgos que representan los trámites testamentarios y los impuestos. En el capítulo 3 profundizaremos más, explicando en detalle nuestro enfoque FVR ante los fideicomisos y un plan de caudal hereditario multigeneracional.

La planificación patrimonial requiere que prepares a tus herederos pero, antes de hacerlo, primero debes prepararte a ti mismo.

BALANCE DEL PATRIMONIO NETO

Creemos que el balance del patrimonio neto es la herramienta más importante para comprender y coordinar tus activos. Es la herramienta con la que comenzamos a planificar tu patrimonio.

El balance del patrimonio neto es un resumen de una página de tus activos y pasivos para que podamos llevar un registro de las titulaciones y los valores. Este balance financiero incluirá tu seguro, inversiones, bienes muebles e inmuebles y mucho más.

Nuestro balance del patrimonio neto de una página ofrece un

vistazo general de la información más importante de una familia para ayudar a evitar tantos riesgos como sea posible. Tras bambalinas profundizamos en los detalles y analizamos cuidadosamente cómo se encuentra el cuadro general, pero apuntamos a la simplicidad y la transparencia para asegurarnos de que las familias comprendan su patrimonio y eviten cualquier problema innecesario.

En el capítulo 5 profundizaremos en el balance del patrimonio neto. También hemos incluido al final del capítulo una hoja separable con un ejemplo del balance del patrimonio neto para que puedas comprender cómo armar uno te puede beneficiar.

Todos deberían tener un balance del patrimonio neto además de un testamento. Con estos dos documentos como punto de partida podemos desarrollar el plan patrimonial multigeneracional que mejor se adecúe a los valores de tu familia hoy, mañana y para las generaciones futuras.

Si bien nuestro enfoque comienza con el sencillo objetivo de incluir a todas las personas involucradas, la mecánica para que este objetivo se cumpla es tan compleja como cada familia individual y su caudal hereditario asociado. Nuestro éxito se basa en ayudar a las familias a comprender y sortear las dificultades para tomar las mejores decisiones que desemboquen en una estabilidad duradera.

Los Archer priorizaron un enfoque FVR para su patrimonio, sus activos y su legado. Tuvieron grandes ideas de las cuales aprendimos y ellos siguieron muchas de nuestras recomendaciones e hicieron lo que era mejor para su familia.

CAPÍTULO 2 LECCIONES APRENDIDAS

- Aunque los riesgos sobre el caudal hereditario, los activos y el legado pueden representar amenazas a largo plazo para tu patrimonio general, es la falta de comunicación lo que genera, en mayor medida, la pérdida del patrimonio y el valor familiar.

- El mayor énfasis para nosotros es que todos, sí, todos, necesitan un testamento. Puedes eliminar el riesgo de que la corte decida la tutela de tus hijos menores al crear y mantener un testamento.

- Establecer un fideicomiso puede ser vital para asegurarte de que tus activos y valores estén protegidos y se transfieran como lo deseas, pero para que tu fideicomiso sea efectivo tiene que estar "financiado". ¿Qué queremos decir con esto? Tus activos deben estar titulados a nombre de tu fideicomiso. Asegúrate de verificar que los activos clave como inmuebles, automóviles, cuentas bancarias, obras de arte y joyería estén cubiertos bajo las directivas de tu fideicomiso.

CÓMO DESARROLLAR UN PLAN PATRIMONIAL MULTIGENERACIONAL

En el capítulo 3, Vanessa cuenta la historia de la familia Carpenter, que casi se enfrenta a un desastroso problema de desheredamiento. Explica cómo funciona el plan patrimonial multigeneracional, que involucra a cónyuges, hijos y nietos, para preparar a toda la familia para un futuro armonioso y seguro.

Los fideicomisos son clave, y Vanessa explica todos los detalles sobre cómo utilizarlos para ayudar a las familias a transferir su patrimonio de una generación a la siguiente. Finalmente, Vanessa ayudará a prepararte a ti y a tu familia para los eventos que experimentarás durante la vida, remarcando cuándo debes revisar y actualizar tu plan.

La historia de la familia Archer, con la que abrimos el capítulo 2, es, desafortunadamente, la excepción y no la regla. A menudo, las familias utilizan un enfoque menos inclusivo en sus finanzas. Como ya debes saber, la exclusión puede aumentar los problemas a medida que pasan los años.

La situación más común es la de la familia Carpenter, cuyo patriarca comenzó a trabajar con nosotros hace años y que, como los Archer, continuó colaborando con nosotros durante cuatro generaciones. Sin embargo, en el caso de los Carpenter, el patriarca nunca acordó utilizar un enfoque inclusivo hacia el patrimonio familiar. Se guardaba la información sobre las finanzas para sí mismo. No comunicó ningún detalle financiero a su cónyuge ni a sus hijos.

En su fideicomiso original, escrito décadas atrás, cuando sus nietos eran muy chicos o ni siquiera habían nacido, estipuló que, para heredar su patrimonio, no podían casarse con nadie que no compartiera la fe que profesaba la familia. A pesar de este término claramente establecido en el fideicomiso, algunos de sus nietos no se dieron por enterados. A lo largo de los años se casaron con gente de otras religiones.

Al cumplir noventa años, la salud del patriarca comenzó a declinar, pero los términos de su fideicomiso permanecieron iguales. Nosotros, junto con algunos miembros de su familia, comenzamos a preocuparnos por posibles problemas a la hora de transferir el patrimonio a sus nietos. Este era un gran riesgo que, probablemente, resultaría en enfrentamientos familiares.

El objetivo de un fideicomiso es mantener un conjunto de reglas que deben observarse hasta la última coma. Con eso en mente, lo último que queremos es que solo *uno* de los nietos se case con una persona de la misma religión y, en consecuencia, sea la única persona elegible para heredar el patrimonio. Esto podría comenzar una pelea entre los nietos.

Sin embargo, evitar todos estos riesgos y el estrés consecuente solo requería un simple ajuste: el patriarca podía enmendar el fideicomiso.

Gracias a la pareja dinámica de asesores mujer y hombre, pudimos tener una reunión con el patriarca Carpenter y expresar nuestra preocupación sobre los términos vigentes del fideicomiso. Hacía muchos años que había decidido esos términos: ¿no querría enmendarlos ahora?

Cuando había creado el fideicomiso por primera vez, hacia la mitad de su vida, el mundo era muy diferente. La sociedad no era tan abierta como lo es hoy en día. Y sus nietos eran bebés. Sin embargo, no sabíamos si el patriarca Carpenter había cambiado de parecer con el paso del tiempo. Tampoco lo sabía él hasta que abordamos el tema.

Discutimos cómo sus nietos habían crecido y creado familias propias. Él había visto la felicidad que habían obtenido con sus respectivos cónyuges, a pesar de sus diferencias de fe.

Después de manifestarle nuestras preocupaciones, se quedó un momento en silencio. Parecía sorprendido, no por el hecho de que habíamos buscado tratar este tema en particular, sino por su mentalidad en el pasado. Afortunadamente, con el paso del tiempo, los cambios sociales correspondientes y la oportunidad de conocer a los cónyuges de sus nietos, se dio cuenta del peso que tenía su decisión pasada. Esto también le ayudó a comprender lo que debía hacer para lograr el impacto que deseaba una vez muerto.

Con el enfoque holístico e inclusivo que utilizamos como asesores, ayudamos a las familias a evitar o, al menos, comprender las consecuencias catastróficas. Términos como el anterior en un fideicomiso podrían provocar una ruptura multigeneracional tanto en el patrimonio como en la armonía familiar. Trabajamos para adelantarnos a esos riesgos, para que cuando el sostén y tomador de decisiones principal de la familia fallezca, puedan obtener una estabilidad multigeneracional.

Creemos que la opción más armoniosa y estable es aceptar un enfoque FVR hacia tu patrimonio y fideicomisos. Una vez que llegue el fin de tu vida, puedes estar seguro de que todo está listo. Puedes estar seguro del buen futuro de tu familia incluso cuando ya no estás aquí.

Muchas familias son como los Carpenter. Posponen las decisiones durante años pensando que las consecuencias no se aplican a ellos. En realidad, hemos visto que hay consecuencias y que tienen un impacto en cualquier tipo de familia. Nadie es ajeno a ello.

Este es otro ejemplo de una familia con la que estamos trabajando. Mientras escribimos esto, el patriarca está gravemente enfermo y en el hospital. El plan patrimonial de la familia estuvo desorganizado varios años (desde que falleció su esposa, de hecho). Hay documentos esperando su firma.

Si muere durante su internación actual, sin firmar los documentos y sin cambiar la titularidad de los activos a nombre del fideicomiso, su patrimonio deberá someterse a la decisión de la corte de trámite testamentario. Si esto sucede, es probable que la corte imponga impuestos sobre sus tenencias por un monto de aproximadamente $1 millón. Para sus tres hijos, esta gran carga impositiva puede ser devastadora para su estabilidad.

Compartimos la historia de los Carpenter, y otras como ella, para mostrar cómo el enfoque de una familia hacia el patrimonio puede evolucionar con el correr de los años. Comenzando con una perspectiva tradicional, el patriarca y la familia eventualmente enfrentaron la necesidad de adoptar la inclusión. Esto significó enmendar sus fideicomisos como parte de la creación de un plan patrimonial multigeneracional, que es el tema en el que se centra este capítulo. En las páginas siguientes les mostraremos cómo se desarrolla.

CÓMO EVITAR RIESGOS CON UN PLAN PATRIMONIAL MULTIGENERACIONAL

Al igual que los Carpenter, muchas familias tienen planes patrimoniales que, a primera vista, parecen buenos, pero son riesgosos cuando se analizan detalladamente.

A menudo, una familia puede tener documentos sin firmar, nuevos miembros de la familia, matrimonios, divorcios, crisis de salud física y mental y pueden experimentar un sinfín de situaciones o eventos en su vida que pueden presentar riesgos a las intenciones del plan patrimonial. Nuestro enfoque ayuda a las familias a estar pendientes de esos cambios para que no se encuentren con documentos desactualizados que podrían resultar en un desastre no previsto.

Atribuimos gran parte de nuestra planificación patrimonial armoniosa y estable a nuestra dinámica de asesores mujer-hombre. Es muy poco frecuente que sean los clientes hombres los que comparten con nosotros las dinámicas familiares que precisamos comprender para

> **Atribuimos gran parte de nuestra planificación patrimonial armoniosa y estable a nuestra dinámica de asesores mujer-hombre.**

realizar nuestras mejores recomendaciones. A menudo, son las mujeres (madres, miembros mujeres de la familia y asesoras mujeres) quienes nos ayudan a comprender y navegar estos problemas. Como asesora mujer, puedo relacionarme fácilmente con las mujeres presentes y a menudo anticipo sus preguntas (porque son las mismas que yo me he hecho).

Al estar presentes en estas discusiones, los pequeños momentos y los grandes sucesos que componen la vida de una familia, y al ocuparnos del trabajo de asesoramiento que se precisa entre ellos, somos capaces de ofrecer los mejores consejos posibles. Estamos presentes para nuestros clientes, ayudando a celebrar un nacimiento o a sortear los detalles y dificultades que surgen con el fallecimiento de alguien. Hemos llorado en bodas y funerales y hemos traído globos y regalos para muchos cumpleaños. Aunque no nos es posible asistir a todos los eventos de nuestros clientes, estamos allí para ellos, tanto mental como emocionalmente.

Conocer a una familia durante generaciones nos ayuda a evitar riesgos que aparecen naturalmente a lo largo de sus vidas. Al cumplir con las intenciones de una familia, nuestro enfoque se basa en desarrollar un *plan patrimonial multigeneracional* que revisamos cada vez que ocurre un evento mayor en su vida.

A continuación, definiremos el plan patrimonial multigeneracional y explicaremos cómo los fideicomisos pueden convertirse en el mejor vehículo para transferir el patrimonio. Exploraremos los eventos de la vida que requieren revisar o actualizar su plan y cerraremos con un caso de asesoramiento financiero que integra tu plan de caudal hereditario.

¿QUÉ ES UN PLAN PATRIMONIAL MULTIGENERACIONAL?

Un plan patrimonial multigeneracional es un proyecto que abarca las vidas de la matriarca, el patriarca y sus herederos. Eso no significa que debe ser un plan cohesivo; solo significa que cualquiera sea el plan patrimonial que adoptes, lo debes coordinar con los planes de la siguiente generación. El error que cometen muchas familias es asumir que el plan está completo una vez que tienen en cuenta solo a la generación siguiente. Sin embargo, un plan patrimonial que es verdaderamente multigeneracional no está completo hasta que los planes patrimoniales de los herederos se vuelvan a coordinar con el de los genearcas para que todo esté alineado. Si pudiéramos dividir este proceso en dos partes, serían las siguientes:

- Comprender la situación financiera de la siguiente generación, tanto en el presente como la forma en la que podría desenvolverse en el futuro.

- Revisar las leyes actuales y analizar qué pasos se deben tomar para optimizar tanto los aspectos impositivos como los patrocinios.

¿Por qué es beneficioso este enfoque?

Hemos visto con el caso de la familia Archer la forma en la que la transparencia entre generaciones permitió que el patrocinio beneficie tanto a quien lo da como al receptor. Dado que había transparencia total entre generaciones, ambas partes podían ver por qué, en algunos casos, era beneficioso saltarse una generación permitiendo, de esa forma, que esos individuos ahorren dinero en impuestos que, de otra forma, eliminarían el valor del patrocinio.

La coordinación y la revisión continua permitieron que todos pudieran asegurase de que sus planes respondieran a las necesidades individuales y familiares, más allá de las situaciones que se presentaran. Por ejemplo, si aconteciera un divorcio en la siguiente generación, los genearcas podrían volver a coordinar y ajustar el plan matrimonial, asegurándose de que el excónyuge no recibiera la herencia. O podrían asegurarse de que las familias que consiguen una ganancia inesperada antes de heredar no corran el riesgo de perder dinero si, al recibir la herencia planificada, debieran pasar a otro rango impositivo, cancelando, por lo tanto, el valor del patrocinio. En su lugar, los genearcas pueden destinar el patrocinio a sus nietos. Todos pueden sencillamente realizar ajustes y distribuir el patrimonio familiar de distintas formas.

¿POR QUÉ UN FIDEICOMISO?

La mayoría de las personas perciben a los fideicomisos como vehículos complejos que solo utilizan las familias ultra ricas. Los fideicomisos pueden ser una herramienta extremadamente valiosa para administrar el dinero, tanto mientras estás vivo como cuando mueras. Al realizar planes patrimoniales con las familias, presentamos una descripción de alto nivel de sus opciones de fideicomisos para descubrir cuál se ajusta mejor a ellas. Existe una gran cantidad de libros sobre las complejidades de los fideicomisos. Nuestro objetivo aquí es compartir algunos de los beneficios que las familias con las que trabajamos encuentran más atractivos. Un fideicomiso te permite:

- mantener el dinero en la familia y protegido de los acreedores;

- establecer los términos que se deben seguir cuando fallezcas y

- revisar y actualizar tu voluntad.

Desglosemos un poco más estos beneficios.

I. MANTENER EL DINERO DENTRO DE LA FAMILIA

Los fideicomisos permiten que el dinero permanezca con la familia, sin importar qué significado le atribuyas a "familia". Recuerda: la familia no está compuesta únicamente por tus parientes de sangre, como vemos con tanta frecuencia hoy en día.

Existen muchas familias modernas que, hoy en día, se definen por mucho más que la genética. Al tener una familia combinada yo misma, conozco la importancia de declarar cuál es nuestra relación. Puede ser frustrante o incluso triste tener que estipular esto legalmente, pero es esencial para mí y para otras personas que planean transferir su patrimonio a aquellos que no están ligados a nosotros por sangre.

Por otro lado, algunas familias pueden tomar la decisión de no transmitir el patrimonio a un descendiente por diversos motivos. Por ejemplo, trabajamos con unos genearcas que tienen dos hijos: uno es un empresario extraordinariamente exitoso y la otra, a pesar de ser una directora muy trabajadora de una organización sin fines de lucro, es madre soltera de tres hijos con bajos ingresos. A la hora de distribuir sus activos, los genearcas se decidieron por un abordaje que es justo pero no igualitario. Determinaron que el hijo adinerado heredara algunas propiedades, pero ningún otro activo, mientras que su hermana y nietos recibirían lo suficiente para estar bien.

Sin importar quién recibe la herencia, los términos los deciden ustedes como genearcas. Tienen incontables opciones y formas de hacer lo que sea mejor para ustedes y el futuro de su familia. Y tienen la flexibilidad para cambiar estas decisiones justas, aunque no igualitarias, en cualquier momento.

JUSTO VS EQUITATIVO: ATRAVESAR CONVERSACIONES DIFÍCILES

Aunque tú tienes el control a la hora de decidir cómo distribuir tu patrimonio y decidir si es más importante ser justo o equitativo, tomar esas decisiones no siempre es fácil ni bien recibido.

Hace poco, me encontraba en un avión mientras escribía este libro. La mujer amistosa a mi lado miró la pantalla de mi computadora y me preguntó qué estaba haciendo, así que comenzamos a charlar acerca de este proyecto y nuestro mensaje. Entonces, se abrió y me compartió su historia, junto con el dolor de atravesar conversaciones difíciles relacionadas con su herencia.

Un día, su padre la llamó a su oficina. —Querida —le dijo—. Necesito hablar contigo sobre algo importante.

—Claro —le respondió—. ¿Qué sucede, papá?

—Bueno, tú y tu esposo han logrado un muy buen pasar. Mientras tanto, tus hermanos y hermanas están pasando momentos difíciles. Necesitan la ayuda mucho más que tú. Así que he decidido dejarles todos mis activos a ellos.

Esto la tomó por sorpresa. Comenzó a llorar. No se trataba del dinero, sino de sentir una conexión con su familia. Sentía como si, con esta decisión, su padre le dijera que ya no era parte de la familia. No quería que las cosas fueran exactamente equitativas, pero sí quería que fueran justas. Al menos en términos de reconocer que ella ocupaba un lugar en sus planes.

Existen muchas formas de hacer que los herederos sientan que forman parte del plan sin brindarles una distribución equitativa de tu caudal hereditario. Por ejemplo, puedes decidir hacerles parte de la fundación familiar permitiendo que continúen con el legado caritativo de la familia. Puedes legarles propiedades inmobiliarias o reliquias familiares en vez de fondos. Todas estas opciones permiten que tus personas más cercanas sientan que han tenido un impacto en tu vida.

La comunicación también puede marcar una diferencia significativa. Al explicar los motivos detrás de tus decisiones, puedes darles a tus personas amadas la oportunidad de comprender por qué las tomas y expresar sus sentimientos acerca de la decisión.

Fue eso lo que realmente marcó la diferencia para la mujer que conocí en el avión. Cuando le dijo a su padre cómo se sentía, él decidió ajustar su plan y dejarle una parte de su caudal hereditario.

Más adelante, cuando su padre convocó una reunión familiar formal, a la que todos los hermanos viajaron para discutir los planes, ella fue parte de la conversación, cosa que fue muy significativa para ambos.

¿Cuál es la enseñanza de esta historia? No tengas miedo de dividir las cosas de forma justa en vez de equitativamente, pero recuerda que la comunicación es primordial. Comunícate con tiempo suficiente y a menudo para asegurarte de que todos conozcan el plan y que nadie salga lastimado.

II. ESTABLECER LOS TÉRMINOS

Una vez que decides a quién se debe transferir el patrimonio, puedes establecer los términos para que se utilice de forma responsable. Por ejemplo, puedes agregar términos específicos al fideicomiso que restrinjan cuándo los beneficiarios pueden acceder a los fondos, cuánto pueden usar cada vez y para qué pueden ser utilizados.

Una y otra vez hemos visto a genearcas de primera generación mirar a sus hijos y nietos con temor. Se preocupan por lo que sus herederos harán con el legado que han construido. Los términos te permiten mantener a tus hijos y nietos al tanto. Para la gran mayoría de las familias con las que hemos trabajado, el miedo inicial desaparece a medida que pasan los años y los genearcas ven que las siguientes generaciones cuidan responsablemente del patrimonio familiar.

III. REVISAR Y ACTUALIZAR

Al igual que la familia Carpenter, muchas familias se encuentran con la necesidad de enmendar o actualizar un fideicomiso debido a distintos eventos de la vida. Convenientemente, la mayoría de los fideicomisos se pueden enmendar sin mayor problema a medida que acontecen nuevos eventos en la vida como nacimientos, muertes, matrimonios, divorcios o discapacidades.

A menudo, hay eventos en la vida que dejan obsoletas las intenciones originales del fideicomiso. Es importante revisar y actualizar continuamente tu fideicomiso o comprometerse a trabajar con un asesor que pueda ayudar a recordarte y ejecutar tus deseos. De esa forma, tu familia nunca tiene que preocuparse de que no se cumplan tus mejores intenciones debido a un documento desactualizado.

Los fideicomisos son parte importante de un plan patrimonial multigeneracional, pero siempre deben trabajar en favor de la situación general de tu familia. Tener un asesor financiero que esté familiarizado con tu plan patrimonial y tus activos reduce el tiempo que toma realizar estas actualizaciones. Sin un plan patrimonial integral que tenga en cuenta todos tus deseos y mantenga tus documentos en orden, enmendar o actualizar un fideicomiso puede ser un gran desafío.

¿ES HORA DE REVISAR TU PLAN?

Las familias cambian. Es una realidad que hemos visto manifestarse de incontables formas a lo largo de las décadas. A medida que avanzan las nuevas generaciones, las prioridades evolucionan, cambian las necesidades y los miembros familiares van y vienen. Un plan patrimonial multigeneracional solo puede tener éxito si se adapta a tus intenciones a medida que se desarrollan y a los cambios en tu familia.

Los eventos de la vida, como la muerte, nacimientos, matrimonios y divorcios, por nombrar algunos, pueden poner en riesgo tu plan patrimonial si no lo revisas y, potencialmente, lo enmiendas. Esto significa que, como mínimo, debes revisar tu plan patrimonial, al menos, cada tres a cinco años y, aún mejor, cuando ocurren eventos de vida importantes. Nuestra mejor recomendación sería revisarlo cada vez que suceda un evento en tu vida o cambien las leyes estatales.

¿Cómo sabes cuándo es momento de revisarlo? Revisa las siguientes preguntas y si tu respuesta es "sí" a cualquiera de ellas, ello amerita que le des otro vistazo a tus planes:

- ¿Acabas de casarte?

- ¿Acabas de tener otro nieto?

- ¿Ha habido algún divorcio en la familia y/o beneficiarios recientemente?

- ¿Ha fallecido tu fiduciario sucesor o el fideicomiso se estableció en un banco que ya no existe?

- ¿Ha cambiado alguno de tus beneficiarios mencionados?

- ¿Ha aumentado o disminuido significativamente tu nivel patrimonial desde la última vez que revisaste el plan?

- ¿Es posible que seas el benefactor de una herencia de la que recién te acabas de enterar?

Al mirar esta lista de preguntas, ¿alguna te sorprendió con respecto a su potencial de impactar sobre tus planes? Muchos nos damos cuenta de que el nacimiento de un nuevo miembro de la familia altera la distribución general, pero nos percatamos de que el fallecimiento de un fiduciario sucesor pone en riesgo el fideicomiso y sus intenciones.

Por ejemplo, digamos que nombraste a tu hermano como

fiduciario sucesor. Si no pudo actuar debido a que murió o alguna discapacidad, la responsabilidad caería netamente sobre una empresa fiduciaria. Esta provisión predeterminada es fácil de pasar por alto; si tu hermano murió hace tres años, entonces te enfrentas a un problema significativo. Estés al tanto de ello o no.

¿Recuerdas la pesadilla en el avión que conté en el capítulo 2 donde toda mi familia estaba en el mismo vuelo y me di cuenta de que no tenía un plan C en caso de que nos estrelláramos? Hemos visto familias devastadas de un día para otro debido a este tipo de accidentes por no tener una tercera opción definida.

Puede que, tristemente, fallezca un beneficiario. Tal evento también requiere la actualización de tu fideicomiso. Por ejemplo, supongamos que tu fideicomiso establece transferir un 20 por ciento a cada uno de los nietos. Si uno muere, el dinero podría repartirse entre los cuatro restantes. Sin embargo, muchas personas preferirían que los herederos del nieto fallecido reciban ese 20 por ciento. Eso solo se puede confirmar si se revisó y actualizó el fideicomiso cuando falleció el nieto.

Esperamos que los tres puntos que remarcamos y esta discusión sobre los eventos de la vida te den la confianza para explorar lo que sea mejor para tu familia y para que actúes en consecuencia.

Todos debemos tener en cuenta las opciones que nos brinda un plan patrimonial multigeneracional actualizado. Conocer tus opciones nos ayuda a tener conversaciones de asesoramiento patrimonial positivas.

REVISAR TU PLAN: LA CLAVE PARA LA PLANIFICACIÓN PATRIMONIAL MULTIGENERACIONAL

El día en el que creas tu plan patrimonial te sientes maravilloso. Al haber tachado esa gran tarea de tu lista de cosas por hacer, puede ser muy tentador colocarlo en un cajón y olvidarte de ello. No obstante, desde el momento en que sales de la oficina de tu abogado, siguen sucediendo cosas en tu vida. Tus activos y circunstancias fluctúan.

La clave para un plan patrimonial multigeneracional es mantenerte atento. Los eventos en tu vida deberían impulsar una revisión de tu plan con mucha más frecuencia que la que pensabas o lo habías hecho en el pasado. La impor-

> La clave para un plan patrimonial multigeneracional es mantenerte atento.

tancia de tener un plan actualizado aumenta a medida que pasa la vida.

¿Cómo puedes registrar estos cambios si tu plan patrimonial no está siempre en tu mente? Adelante, agenda una revisión de tu plan cada tres o cinco años. Al mismo tiempo, deberías coordinar con tus herederos para que tus planes se alineen con los de ellos.

Remarcamos la importancia de trabajar con un asesor financiero holístico que esté al tanto de tus dinámicas multigeneracionales y que pueda ayudarte a mantener y revisar tu plan. Un asesor de esa talla también estará al corriente de las conversaciones que debes tener y las decisiones que debes tomar.

Por supuesto, también te enfrentas a un gran adversario: tu modo de pensar. Los eventos de la vida presentan situaciones complejas y sacan a la luz dinámicas familiares que quizás quieras evitar, lo que provoca parálisis a la hora de tomar decisiones, ya sean circunstancias positivas o negativas. La necesidad de revisar y enmendar tu plan patrimonial porque nació un nuevo nieto, o quizás uno de tus hijos se divorció recientemente. Tan solo pensarlo puede ser abrumador. Un asesor financiero puede ayudarte a evitar la parálisis inherente a la hora de tomar decisiones sobre tu caudal hereditario y tu eventual muerte.

Los mejores asesores saben cómo resolver estas situaciones complejas con las soluciones más prudentes y, generalmente, sencillas. Ahora bien, ten en cuenta que esas soluciones sencillas sólo existen si tú y tu asesor financiero han realizado los trabajos necesarios para preparar un plan financiero y de legado integral además del plan patrimonial.

Es otro motivo por el que un asesor financiero puede realmente hacer la diferencia en tu futuro financiero y el de tus hijos y nietos. Sin uno, es posible que nunca tomes las decisiones necesarias para lograr tus objetivos. ¿Los eventos de la vida que experimenté requieren un nuevo fideicomiso o solo realizar enmiendas? ¿Necesito un plan patrimonial completamente nuevo? ¿Qué sucede ahora? ¿Qué sucede en algunos años cuando las cosas vuelvan a cambiar? ¿Cuántas horas debo estar sentado con mi abogado? ¿Cuánto dinero me costará?

Con nuestro enfoque FVR, revisar y actualizar los planes patrimoniales es solo parte de nuestro proceso de asesoría. No lo haríamos de ninguna otra forma.

De esa forma, cuando suceden eventos de la vida, puedo decirte con toda la confianza que no debes preocuparte. Dado que nuestro plan completo está sincronizado, realizar los cambios necesarios generalmente solo requiere una enmienda de una página. Una sencilla página y desaparecen esas preocupaciones.

Cerraremos este capítulo compartiendo lo que le sucedió a los Carpenter. ¿Recuerdas la historia con la que abrimos el capítulo? ¿La del patriarca que postergó enmendar los términos de su fideicomiso para poder transferir legalmente todo su patrimonio a todos sus nietos?

Después de discutir con él la dinámica familiar y el futuro bajo su plan desactualizado actual, ayudamos a que acepte su lado sensible. Podíamos ver que estaba experimentando parálisis a la hora de tomar decisiones. Provocó muchas preocupaciones e incertidumbre a su familia durante años. Le expresamos que entendíamos sus sentimientos y explicamos que, cuando eventualmente falleciera, la familia sufriría años de desacuerdos y malestar si se mantenían los términos restrictivos del fideicomiso original.

Entonces, ¿qué sucedió?

Afortunadamente, aceptó enmendar los términos.

La decisión fundamental (el gran riesgo multigeneracional) se resolvió con un sencillo documento de una página. Dado que el resto ya estaba preparado, eso es todo lo que hizo falta para rescatar a la familia de una inestabilidad generacional traumática. Una sola hoja de papel pudo aliviar futuras angustias familiares.

Nos sentamos con el patriarca Carpenter en la reunión con su abogado y enmendamos los términos para incluir a todos sus nietos, sin importar con quién hubieran establecido una relación. Lo escribimos en minutos y, después de años de postergarlo, lo firmó y listo. Imagínate el alivio que debe haber sentido en el momento en que lo mandamos a imprimir.

Una de las moralejas principales es que es imperativo revisar tu caudal hereditario desde el comienzo y coordinar con tus herederos de adelante hacia atrás para asegurarse de que los planes de todos se conjuguen.

Si no lo has hecho y tus asuntos todavía no están en orden, entonces cualquier evento de la vida será un problema que solucionar. Comienza a planificar ahora, revisa tu plan a menudo y tu patrimonio no se interpondrá en la armonía de tu familia. Será una parte del legado positivo que dejes por generaciones.

CAPÍTULO 3: HOJA SEPARABLE

Pasos que debes tomar al revisar o crear un caudal hereditario:

- Tener un plan patrimonial listo. Es decir, testamento, fideicomiso y poder legal para cuidados de la salud y propiedades.

- Si tienes un fideicomiso en vida (revocable), asegúrate de que esté correctamente patrocinado.

- **Equilibra los activos entre cónyuges para reducir potenciales impuestos estatales.**

- Asegúrate de que los activos estén correctamente titulados para evitar trámites testamentarios.

- **Revisa las designaciones de beneficiarios del seguro y los planes calificados anualmente para asegurarte de que estén en concordancia con tu plan patrimonial.**

- Revisa las designaciones fiduciarias (fiduciario y ejecutor) y de guardianes anualmente.

- Asegúrate de tener en cuenta las variaciones en las exenciones impositivas de caudal hereditario estatales y las exenciones federales.

- **Coordina los derechos de retiro y distribuciones a los herederos bajo tu plan para asegurarte de que cualquier variación sea coherente con tus objetivos.**

- Asegúrate de que los estudiantes universitarios mayores de dieciocho años tengan poder legal sobre la atención de salud.

- Dueños de negocios, deben tener un plan de sucesión listo para proteger el valor de su negocio en caso de su muerte.

ACTIVOS DE LA FAMILIA, EN RIESGO

En el capítulo 4, JR nos cuenta la historia de la familia Bates, cuyos miembros aprendieron que separar las emociones individuales de las inversiones es esencial para tomar decisiones sobre inversiones para el futuro de la familia. JR describe cómo la falta de coordinación, algo que suele pasar en las inversiones tradicionales, pone en gran riesgo a nuestros activos. De la misma forma, explica cómo centrarse en un esfuerzo concentrado para alinear las inversiones ayuda a las familias a minimizar el riesgo y maximizar el valor.

Aunque muchas de nuestras relaciones con nuestros clientes comenzaron con los genearcas, en este caso primero conocimos a los hijos Bates. El patriarca Bates era un abogado muy inteligente que logró construir un gran fondo de ahorros mediante estructuras flexibles de compensación. Como abogado, consideraba que tenía bajo control sus activos y su caudal hereditario. Tenía un plan financiero y sabía que le dejaría a su familia una cantidad sustancial de dinero una vez que falleciera.

El problema fue que no compartió este plan financiero con sus hijos. Al no estar incluidos en el proceso de planificación patrimonial, no estaban al tanto de todos los activos que les transferiría una vez falleciera.

Uno de los activos tenía el potencial de crear una gran confusión. Al comienzo de su carrera, el patriarca Bates prestó servicios legales a una empresa que no podía costear los anticipos ni sus honorarios. Por lo tanto, acordaron pagarle con acciones de la empresa. Con el paso de los años, continuó trabajando para la empresa a cambio de acciones que, eventualmente, se convirtieron en gran parte de su caudal hereditario.

Mientras seguía avanzando en su carrera, la empresa privada continuó creciendo y distribuyendo los ingresos. Sin embargo, como se trataba de una empresa privada, él no sabía cuál era el valor comercial de la empresa, por lo tanto, no estaba seguro de cuál era el valor general de las acciones. Retener estas acciones también representó un problema de liquidez, ya que, al ser un dueño minoritario de una empresa privada, no podía comerciar abiertamente sus acciones. Dado que no esperaba morir joven, nunca discutió esta posición de acciones concentradas con sus hijos ni les explicó por qué habían crecido tanto.

Cuando falleció, sus hijos heredaron sus activos. Dado que nunca compartió sus intenciones, ellos no sabían qué hacer con las acciones de la empresa. ¿Era una inversión en la que confiaba? ¿Una que quería que sus hijos mantuvieran indefinidamente?

Unos años después, la empresa privada entró al mercado público. Fue en este momento que nos contactó la hija Bates y nos informó acerca de la historia y los antecedentes de la familia. Después de revisar la documentación quedó claro que se trataba de una gran parte de su caudal hereditario. También notamos que las acciones estaban significativamente sobreponderadas en su cartera y desarrollamos estrategias para disminuir lentamente el tamaño de la posición, dado que la empresa ahora estaba realizando transacciones públicamente. Los hijos volvieron a estudiar la empresa y consideraron que no se encontraba en una industria en crecimiento. Discutieron si mantener las acciones o no, pero no llegaron a un acuerdo.

La hija decidió vender y diversificar logrando colocarlas en aproximadamente $80 por acción. Mientras tanto, el hijo decidió mantener la posición. Creía que era el deseo de su padre y quería honrarlo. La hermana le aconsejó en muchas ocasiones que las venda, pero él no la escuchó. Cuando finalmente las vendió, solo obtuvo $10 por acción. La decisión que tomó cada uno, de venderlas o mantenerlas respectivamente, creó una gran diferencia de patrimonio entre ambos, así como una división emocional en la familia.

Cuando fallece alguien siempre hay que trabajar sobre las emociones. Algunos familiares se aferran a los recuerdos, otros a cosas físicas, incluidos los activos que sus familiares tenían previamente. Hemos visto una y otra vez que distanciarse de lo que crees que puede ser una conexión emocional a un activo puede ser un paso crítico para la familia. Esto es particularmente cierto en casos en los que no existe una explicación clara sobre cómo y por qué tus seres queridos llegaron a obtenerlo.

¿Por qué comparto esta historia sobre dinámicas familiares e inversiones emocionales para comenzar un capítulo sobre activos? Tus emociones pueden ser una de las dificultades más grandes a vencer cuando estás aprendiendo a invertir.

Tradicionalmente, muchos inversores piensan en los riesgos de inversiones como volatilidad del mercado. Es decir, que una caída en el mercado de valores puede disminuir el valor de tus inversiones. Sin embargo, todos podemos observar que la tendencia general a largo plazo del mercado es subir. Cuando los asesores te dicen que no hagas movimientos es porque saben que, eventualmente, el mercado volverá a subir. El riesgo no se encuentra únicamente en la volatilidad inherente del mercado, sino también en cómo los inversores responden a esa volatilidad.

Después de trabajar con generaciones de familias, hemos observado cómo las *decisiones* que uno toma afectan al patrimonio mucho más que cualquier riesgo de volatilidad tradicional.

Supongamos que acumulas activos, como una cartera de inversiones, y que te devuelven un flujo e ingresos por dividendos e intereses cada año. Si no se administran bien estos activos puedes perder el patrimonio que has acumulado con tanto trabajo y paciencia.

Por ejemplo, si no soportas ver que caen tus inversiones durante una caída del mercado, terminas vendiendo al menor valor. Ahora estás atrapado en pérdida y te perderás la oportunidad de un potencial rebote. Sin importar si se trata de la caída debido a la COVID-19 o a la Gran Recesión de 2008, los tiempos complicados tienden a provocar este tipo de reacciones emocionales.

LA PERSPECTIVA DE VANESSA: LOS RIESGOS DE LAS INVERSIONES EMOCIONALES

Al igual que los Bates, muchas familias tienen problemas con el lado emocional de las inversiones. Es completamente normal tener una respuesta emocional impulsiva ante una situación y querer actuar, lo cual altera tus planes. El problema es que hemos visto que, al tomar ese tipo de acciones, muchas familias experimentan el resultado opuesto al deseado. Sus acciones provocan conflictos adicionales en vez de evitarlos.

Los asesores financieros te ayudan a comprender tu situación global con la finalidad de evitar los riesgos de las inversiones emocionales. En el fragor del momento, cuando las emociones se encuentran a flor de piel, los asesores pueden ofrecer otra perspectiva. Tu asesor puede ayudarte a navegar la tormenta para que no tomes decisiones emocionales y desbarates todo tu esfuerzo.

Si tienes una cartera coordinada y genera los ingresos que precisas, deberías estar lo suficientemente diversificado como para soportar cualquier subida o caída en el corto plazo.

Generalmente, recomendamos que las familias ajusten sus carteras para que sean más conservadoras globalmente durante las caídas en vez de salir completamente del mercado. Cuando ves que tus cuentas pierden valor puede ser tentador salir.

Hemos alentado a muchas familias a no vender cuando sus acciones estaban en baja. Vender en ese momento puede tener consecuencias considerables. El poder adquisitivo de tu patrimonio puede disminuir por tomar estas decisiones en un mal momento. Si no se da una oportunidad para un rebote, esas pérdidas pueden ser permanentes. Si estás retirado, quizás debas volver a trabajar; y si actualmente trabajas, quizás debas trabajar más o reducir dramáticamente tus gastos para alcanzar tus objetivos o, sencillamente, para sobrevivir. Es muy difícil percibir esto cuando tus emociones nublan tu juicio.

A lo largo de este capítulo te ayudaremos a comprender tus activos, los riesgos que existen y por qué existen; por qué la división 60/40 probablemente esté obsoleta y cómo con solo coordinar alcanza para ayudar a las familias a preservar su valor.

TUS ACTIVOS, EN RIESGO

Cuando coordinas tus activos como parte de un plan financiero integral, pueden ayudar a una familia a aumentar el valor de su patrimonio. Cuando *no están coordinados*, los activos pueden convertirse en un riesgo real para ese patrimonio.

Con nuestro enfoque abordamos muchos de los riesgos existentes ayudando a las familias a desarrollar un plan patrimonial integral. Coordinamos sus activos para que rara vez se vean afectados por los riesgos normales a los que se enfrentan tantas familias.

Un plan no coordinado puede presentar varios riesgos evitables, incluidos:

- Activos duplicados y oportunidades perdidas,

- Cargas impositivas debido a eventos de liquidez no planificados.

Cuando comenzamos a trabajar con clientes nuevos, muchos están a la defensiva, particularmente durante nuestras conversaciones iniciales. Al principio, muchos dudan de discutir todos sus activos en vez de solo la parte que quieren utilizar para invertir con nosotros. Esto es entendible, dado que la norma de la industria es buscar obtener más honorarios transfiriendo cualquier tenencia externa a la administración.

Sin embargo, nuestro enfoque coordinado es diferente. El motivo por el cual nos es útil conocer cada activo es porque saber *cómo* están invertidos y titulados nos permite crear un balance de patrimonio neto. Al saber cómo, podemos construir una estrategia integrada en torno a nuestras tenencias y cualquier tenencia exterior, creando un plan integral. Mediante la coordinación, podemos evitar duplicar lo que está en donde corresponde o perder oportunidades, asegurando, por lo tanto, que la familia está diversificada apropiadamente en el largo plazo.

A menudo encontramos activos que no están titulados correctamente, lo que presenta los riesgos que ya conoces. Cuando tenemos acceso a las tenencias externas, podemos asesorar sobre cómo retitularlas con la finalidad de evitar pérdidas innecesarias.

Trabajamos con familias que se encuentran en distintas etapas de la vida y de administración patrimonial, así que realizamos diversas preguntas para descubrir activos (incluso aquellos que se olvidaron que tenían).

Generalmente, nuestros clientes tienen algunos o todos los siguientes tipos de activos:

- acciones,
- bonos,
- efectivo y equivalentes,
- ETF (fondos cotizados en bolsa),
- inversiones alternativas,
- productos de seguro,
- bienes muebles e inmuebles,
- capital privado,
- fondos mutuos,
- obras de arte y otros objetos de valor.

Al coordinar los activos externos, asesorando sobre cómo están titulados, evitamos estos riesgos, podemos eludir la norma de la industria de enfocarnos únicamente en las inversiones y podemos crear un plan FVR realmente integral. Este enfoque también muestra el valor que podemos agregar con el paso del tiempo.

Teniendo eso en cuenta, veamos un ejemplo del enfoque típico y no coordinado a las inversiones.

Con muchos clientes nuevos, vemos que sus activos están repartidos entre diferentes cuentas y tenencias. Es normal que un cliente tenga una cuenta en Merrill Lynch y otra en Wells Fargo y que el patrimonio esté dividido entre ambos. Esta división no se basa en el rendimiento, sino que es solo una forma en la que los clientes sienten que están diversificando.

Ahora dividen el patrimonio en un puñado de activos disponibles comunes dentro de ambas cuentas. Digamos que la cuenta de Merrill Lynch invierte en ETF y fondos mutuos mientras que la cuenta de Wells Fargo invierte en distintos fondos mutuos.

Si analizamos lo que hacen ambas, posiblemente encontremos una superposición significativa o que son casi redundantes. Pueden ser que sean dos cuentas con dos firmas distintas, pero ambas inviertan en un índice similar, lo que obtiene resultados similares y presenta riesgos similares. La redundancia puede provocar una duplicación de honorarios, falta de economías de escala y muchas ineficacias que no están reconocidas. En resumen: la falta general de planificación es normal y se puede remediar con un plan coordinado e integral.

COMPRENDIENDO TUS RIESGOS: DOS ESCENARIOS COMUNES

Como te puedes imaginar, dado que la industria financiera es tan compleja, los detalles de las cuentas, sus tenencias y las diferencias entre las firmas pueden volverse complicadas. Generalmente, los clientes no comprenden los riesgos de la falta de coordinación hasta que pueden observar los beneficios de un enfoque FVR.

Veamos dos escenarios de riesgo. El primer riesgo surge de la respuesta del cliente frente a la volatilidad.

Recientemente nos llamó un cliente pidiendo vender una parte de sus inversiones. Estaba preocupado por el mercado y quería actuar de forma un poco más conservadora. Después de discutir su situación y sus preocupaciones, revisé su cartera. Consideré su pedido en relación a su plan general, teniendo en cuenta todos sus activos, y me di cuenta de que el crecimiento que habíamos obtenido, en caso de vender, resultaría en un gran impuesto sobre el patrimonio.

Sabía que también tenía cuentas con otro asesor, así que lo llamé para preguntar sobre sus ganancias. Con ese asesor, el cliente tenía ETF y fondos mutuos que tenían menos ganancias no realizadas en comparación con nuestra posición. Por lo tanto, si liquidábamos esas, no resultarían en una gran carga impositiva. Decidimos que sería mejor para el cliente vender las tenencias que tenía con el otro asesor en vez de con nosotros. Luego, revisamos la estrategia general para que sea más conservadora, conforme a su nueva tolerancia de riesgo.

La mayoría de los asesores financieros no tienen accesos a la totalidad de la situación financiera de sus clientes, lo que significa que podrían haber procesado el pedido de este cliente desde una perspectiva aislada y resultaría en consecuencias negativas innecesarias.

La coordinación correcta de todos los activos resguarda el valor del patrimonio que tienes y evita los riesgos como una carga de ganancia de capital. Imagínate cuán desilusionado se sentiría el cliente al ver una ganancia del 12 por ciento en rendimiento a lo largo del año, pero ver, a su vez, que ese rendimiento fue más bajo debido a un evento de liquidez no coordinado que provocó impuestos más altos.

En el segundo escenario veremos los potenciales problemas que se presentan debido a las diversas interpretaciones que los asesores tienen de tu tolerancia al riesgo.

Supongamos que tienes activos en JP Morgan, Merrill Lynch y Wells Fargo. Cuando te reúnes con tus asesores les dices: "Este es el nivel de riesgo con el que me siento cómodo". Cada asesor luego interpreta tu tolerancia al riesgo de una forma ligeramente distinta.

Tu asesor de JP Morgan podría decir: "Bien, de acuerdo a lo que discutimos, te daré una división de 70/30". Tu asesor de Merrill Lynch puede decir: "Creo que eres un 50/50". Y tu asesor de Wells Fargo dirá: "No, creo que eres 60/40".

Cuando coordinamos tus activos con nuestro plan integral, también coordinamos con todos los asesores responsables de tus carteras externas. Trabajaremos con ellos para revisar tus estados. Al analizar tus activos repartidos entre todos los asesores, podemos ayudar a evaluar tu riesgo general.

Si se tienen en cuenta todas las carteras, digamos que tu verdadero nivel de riesgo es 70/30. Quizás eso sea demasiado conservador para ti. Si ese es el caso, podemos volver a trabajar en tus activos para que la relación esté más alineada con tu tolerancia al riesgo.

Los clientes quieren comparar el rendimiento de una firma con otra. Es muy difícil que puedas realizar una comparación acorde. La diversificación no sucede automáticamente al trabajar con diferentes firmas, sino que está relacionada con cómo distribuyes tus recursos.

A lo largo de nuestra carrera, cuando le preguntamos a una familia: "¿Nuestro rendimiento es similar al de tus otros asesores?" la respuesta era "son casi lo mismo". Esto probablemente se deba a que los activos estaban distribuidos o divididos de forma similar. Es importante que los clientes comprendan que pueden haber invertido en las mismas tenencias con dos firmas. Eso no es diversificar.

TU ASESOR, ¿ES MAYORISTA O MINORISTA?

Cuando se trata de analizar el costo de trabajar con un asesor puedes hacerte la siguiente pregunta: tu asesor, ¿es mayorista o minorista?

Piensa en lo que sucede cuando compras en Costco en comparación a Walgreens. Cuando compras en Costco, pagas precios mayoristas a cambio de comprar a granel. Dado que los productos llegan directo de los fabricantes y en grandes cantidades, hay menos tarifas en las que se incurre en el proceso. Esos ahorros se reflejan en el precio que obtienes.

Walgreens tiene el factor comodidad, pero los precios tienden a ser más altos porque hay más intermediarios y, por lo tanto, más costos correspondientes involucrados en llevar el producto desde la fábrica hasta la farmacia.

Invertir en una cartera típica con un asesor financiero es más similar a comprar minorista. ¿Por qué? Muchos asesores subcontratan la asignación de activos, y pagan a otras personas para que hagan parte del trabajo. En esos casos, las tarifas que *ellos* pagan se reflejan en lo que te cobran.

Nosotros utilizamos un enfoque mayorista, seleccionando nosotros mismos toda la cartera y recortando los costos agregados en el proceso, lo que nos permite, en general, cobrar menos a nuestros clientes por nuestros servicios.

¿Cómo puedes determinar si tu potencial o actual asesor es mayorista o minorista? Sencillamente pídeles un desglose completo de todas las tarifas y pregúntales si ellos mismos toman las decisiones de inversiones de tu cartera. Cuando lo hagas, tendrás una mayor comprensión del precio que pagarás por su asesoría y sabrás si esas tarifas reflejan una buena oportunidad o un gran sobreprecio.

Aunque no tiene sentido pagar más tarifas desde una perspectiva financiera, a menudo los clientes se sienten más cómodos cuando tienen más de una firma administrando sus activos. Sin embargo, la desventaja de dividir los activos de esta forma es que hace más difícil lograr coordinar, y esto, a su vez aumenta otros riesgos. La triste realidad es que muchos inversores no confían en los motivos de sus asesores. Esta falta de confianza se deriva directamente de la forma tradicional de asesoramiento, donde los asesores administraban tanto como les era posible para acumular la mayor cantidad posible. El motivo no era la coordinación.

Actualmente, lo que motiva nuestro enfoque son los beneficios de cuidado de valor que proporciona la coordinación. Cuando un plan integral cubre todos los activos, las familias preservan su patrimonio y cuidan el valor general.

DIVISIÓN ACTUAL DE 70/30

Para ayudarte a comprender la base de nuestro enfoque ante el riesgo y el valor, es importante resaltar cuál es la diferencia entre el ambiente de las inversiones en 2020 en comparación con 1979. La gran diferencia se puede atribuir al que tiende a ser el tema más detestado por todos: las tasas de interés y los bonos.

Antes de que te saltees las siguientes páginas para ahorrarte tener que leer sobre tasas de interés, debes saber que hemos hecho un gran esfuerzo para que los siguientes párrafos sean lo menos dolorosos posibles. Aquí vamos.

La tendencia durante el último par de décadas ha sido mantener las tasas de interés tan bajas como sea posible, con subidas y caídas incrementales. Aunque puede que algún día las tasas de interés vuelvan a subir hasta los dobles dígitos (como era la norma en las generaciones previas), un clima de tasas de interés bajas se corresponde con nuestro enfoque ligeramente menos conservador hacia las inversiones.

En el pasado, las tasas de interés altas proporcionaban a las familias una forma sencilla de construir patrimonio con activos de "menor riesgo". Por ejemplo, teníamos un cliente que tenía un bono del gobierno de los EE.UU. de 30 años que acababa de llegar a su fecha de vencimiento. Lo había comprado en la década de 1980 y tenía un rendimiento del 9 por ciento. Así que cuando el bono llegó a su fecha de vencimiento, treinta años más tarde, no le interesaba reinvertir en nada más riesgoso que un bono, que ya le había rendido bien. Quería renovar y comprar otro bono. El problema es que las tasas de interés de los bonos estaban en un 1 por ciento. Todos querrían tener un bono de 9 por ciento hoy en día, pero ya no existen.

El entorno actual de las inversiones puede requerir que tomemos un enfoque ligeramente más "riesgoso", con menos activos conservadores y más activos "riesgosos".

En el pasado, la asignación estándar era una mezcla de 60/40 entre activos agresivos y activos conservadores. Por ejemplo, 60 por ciento acciones y 40 por ciento bonos. Esta era una regla sencilla para diversificar.

En un entorno de inversiones que históricamente tiene tasas de interés bajas, a menudo recomendamos cambiar del tradicional 60/40 a una división 70/30. Esto se debe a que el entorno actual de baja tasa de interés ha hecho que sea necesario cambiar desde la división tradicional 60/40 a un 70/30 para lograr tus objetivos.

Seguramente te preguntas, ¿qué hay con todo ese riesgo? ¿Cómo lo mantienes bajo control?

En el capítulo 5 te mostraremos que no todas las acciones son exactamente iguales. Al elegir acciones menos volátiles podemos obtener un valor similar al valor inherente en la división 60/40 del pasado. Y lo podemos hacer con un nivel de riesgo similar a lo largo del tiempo utilizando acciones que pagan dividendos más conservadores.

El clima cambiante de tasas de interés significa que nuestra tolerancia general al riesgo ha evolucionado un paso. Por lo tanto, hoy en día, el 70/30 es el nuevo estándar. No dolió tanto, ¿verdad?

¿A QUÉ NOS REFERIMOS CON COORDINACIÓN?

Al coordinar activos, consideramos su ubicación, su diversificación y su concentración. Analizamos el desempeño e identificamos los objetivos de ganancia del cliente. Luego, unificamos los activos y los objetivos en un único plan integral.

> Hacer ingeniería reversa de tus objetivos de ingresos para determinar la coordinación correcta de inversiones.

Para crear un plan integral es necesario proyectar tus gastos esperados, y luego construir una cartera familiar de forma que genere los ingresos necesarios para tu retiro mientras alcanzas tus otros objetivos de patrimonio. Piensa en esto como hacer ingeniería reversa de tus objetivos de ingresos para determinar la coordinación correcta de inversiones.

Para cumplir con esos objetivos de patrimonio, tendremos en

cuenta tus tenencias externas, todas las fuentes de ingresos (como seguro social) y las tenencias que nosotros administramos para tu familia. Para los clientes que se acercan a la edad de retiro, un flujo de ingresos definible es una necesidad en la cartera de inversiones. Generalmente, el ingreso es lo que generan los intereses y dividendos de la cartera.

Definir tus necesidades de ingresos y hacer ingeniería inversa de tu cartera es el enfoque más coordinado y estable que conocemos.

Sin embargo, coordinar tus activos correctamente no se trata solo de esto. También debes tener en cuenta los activos de tus familiares. Vemos este problema todo el tiempo. Los genearcas completan su plan de caudal hereditario, establecen momentos para revisarlo y actualizarlo. Les explican a sus hijos sus deseos y cómo les gustaría que se proteja el patrimonio. Todo parece estar listo. En realidad, no han tomado el siguiente paso crucial: preguntarse cómo se coordina su plan con el de sus hijos y nietos.

Es crucial comprender los matices de la perspectiva financiera de la siguiente generación. ¿Por qué? Si no comprendes sus circunstancias, tus decisiones acerca de su herencia podrían tener un efecto negativo sobre *su* patrimonio y *su* capacidad de transmitir un legado significativo. Puede que algunos hijos duden de compartir esto con sus padres porque quizás hayan sido más exitosos que sus hermanos y pueden recibir menos herencia en el futuro. Nosotros, como asesores financieros, comprendemos muy bien estos sentimientos de duda y podemos ayudar a guiar a tu familia de forma proactiva.

ASIGNACIÓN Y UBICACIÓN

Nos gusta remarcar la diferencia entre *asignación* de tus activos y la *ubicación* de tus activos.

En realidad, existen dos tipos de activos: los activos de *retiro*, como 401(k) o planes de retiro o de pensiones, y los activos *imponibles*, como las cuentas individuales, las cuentas conjuntas y las cuentas de fideicomisos.

Existe una separación entre ambos que precisa de un equilibro intencional de cada tipo.

Por ejemplo, no queremos que una clienta tenga únicamente un $1 millón en una IRA (cuenta individual de retiro). Eso puede ser difícil de administrar. Colocar todo el patrimonio de una persona en un único activo posiblemente cree presión sobre los ingresos más adelante en la vida. Si eso es todo lo que tiene la clienta, puede que se le dificulte generar ingresos cuando deba comenzar a distribuir los beneficios de esa cuenta.

La división 70/30 que mencionamos antes es otro ejemplo de asignación contra ubicación y la necesidad de repensar las estrategias convencionales.

Incluso si has asignado 70 por ciento a acciones, creemos que es importante ubicar los activos dentro de cuentas de inversión que tengan el beneficio de ser exentas de impuestos o con impuestos diferidos (por ejemplo, Roth IRA).

Muchos inversores y asesores no prestan atención a la diferencia entre asignación y ubicación. Por ejemplo, un inversor agresivo puede decir "Tengo $4 millones; quiero invertir $3,5 millones de mi dinero en acciones de crecimiento y $500.000 en bonos". Dejando de lado el enfoque agresivo, si no presta atención a la titulación de dónde están guardados los activos, no está haciendo lo suficiente para minimizar los riesgos y maximizar el valor.

Volviendo a los activos de retiro y los activos gravables. Desde el 2020, cuando cumples setenta y dos años, debes comenzar a tomar la distribución de beneficios mínima requerida, o RMD, de tu IRA o, si todavía trabajas, de tu 401(k) u otro plan de retiro. En ese punto, también debes pagar impuestos. Esto podría generar un problema para muchas familias porque, repentinamente, se encuentran enfrentando una carga inesperada un año (o un par de años) para lo que no estaban preparados. Repentinamente, la pareja jubilada que contaba con tener una cierta cantidad de ingresos se da cuenta de que una gran parte ahora debe ir a pagar impuestos, lo que significa que podrían recibir un 30 por ciento menos que lo planeado.

Afortunadamente, existen opciones. Comprender la asignación y ubicación nos ayuda a descubrir las mejores opciones para ti y tu familia.

DIVERSIFICACIÓN Y CONCENTRACIÓN

En nuestra cartera también intentamos no sobreponderar ninguna inversión en particular, sino que buscamos la diversificación. ¿Por qué? Si terminas con demasiada concentración en cualquier posición individual y le sucede algo a esa inversión, podrías perder todo.

Nos adentraremos más en la diversificación en el próximo capítulo, pero lo que es importante resaltar por ahora es que, si tienes un fondo mutuo (uno que tiene un poco de todo), puede que estés sobreponderado en un área en particular, pero que no lo llegues a reconocer. Por ejemplo, digamos que tienes un fondo mutuo que invirtió en treinta empresas distintas, una de ellas es Apple. También tienes ETF compuesto de tres empresas que se superponen con las del fondo mutuo, incluida Apple. Ahora, supongamos que te regalaron cien acciones de, lo adivinaste, Apple cuando eras pequeño. ¿Qué sucedería con tu cartera si las acciones de Apple tuvieran una caída? No solo se verían afectadas tus cien acciones de Apple, sino que la pérdida sería agravada porque la ETF y el fondo mutuo también sufrirían.

Al seleccionar nosotros mismos las inversiones podemos crear un nivel de transparencia que nos permite a nosotros y a la familia ver la diversificación general tanto en nivel micro como macro. En el nivel micro podemos ver las acciones o bonos individuales, y a nivel macro podemos ver el equilibrio general de la cartera entre todas las tenencias.

CAPÍTULO 4 LECCIONES APRENDIDAS

- **Las emociones** pueden tener un gran impacto sobre tu plan patrimonial, influenciando (para bien o para mal) las acciones que tomas. Ten en cuenta cómo tus emociones pueden llevarte a tomar decisiones que podrían dificultar la creación de valor a largo plazo. Tu asesor financiero debería ser un socio importante a la hora de garantizar que la influencia de las emociones a corto plazo no interfiera con tus objetivos a largo plazo.

- **Coordinar** todos tus activos bajo el asesoramiento y la guía de un asesor financiero principal puede reducir el riesgo imprevisto de duplicación, planificación impositiva no coordinada y desfasaje con tu verdadero perfil de riesgo. Además, también puede reducir tus tarifas en general y la cantidad de trámites necesarios para administrar eficazmente tus asuntos financieros.

- La coordinación de activos también permite que tu asesor financiero evite los riesgos que pueden surgir de posiciones concentradas, mejorar tu capacidad de ganancia para cumplir con las necesidades de ingreso y proporcionar una mejor **diversificación general**.

PROMOVER LA COORDINACIÓN CON TRANSPARENCIA

En el capítulo 5, Vanessa nos muestra por qué los activos están en riesgo a menos que las familias profundicen su comprensión del riesgo, el valor y la administración patrimonial coordinada. Comparte la historia de la familia Daniels, cuyos miembros no hablaron entre sí durante décadas hasta que pudieron asumir sus responsabilidades financieras compartidas. Explica los cuatro aspectos subyacentes del enfoque FVR a la administración patrimonial y cierra apelando al aspecto más importante de todos: la comunicación intencional.

O riginalmente habíamos trabajado con el patriarca de la familia, el Sr. Daniels, que falleció hace casi treinta años. Como abogado patrimonial, tenía un plan patrimonial y una estructura muy bien pensados y establecidos. Luego de su fallecimiento, ayudamos a la familia a implementar el plan patrimonial.

Primero se transfirieron los activos a la madre, pero solo para que pudiera obtener los ingresos que necesitaba de la cartera. El resto del monto se reservó a beneficio de los hijos. Durante la crisis financiera del 2007 y el 2008, uno de los hijos pensó que su madre estaba siendo demasiado agresiva con su estrategia de inversiones. Como resultado, la familia Daniels transfirió sus cuentas financieras a una firma diferente. En ese entonces, todavía no habíamos establecido una relación fuerte con la familia extendida. Solo teníamos una relación con la matriarca, la Sra. Daniels. Aunque ya no manejábamos sus cuentas, permanecimos en contacto a lo largo de los años.

A través de ella, nos enteramos de que dos de sus hijos no se habían dirigido la palabra durante veinticinco años. Su conflicto surgió debido a un desacuerdo respecto del fallecimiento de su padre. Desde entonces, no habían estado en la misma habitación juntos.

Luego, hace un par de años, la matriarca Daniels y su hija nos transfirieron sus cuentas. No habían recibido los resultados ni cuidados administrativos que esperaban y merecían.

En los últimos años, fuimos capaces de ayudar a reconstruir parte de las relaciones familiares. Como parte de nuestros esfuerzos, recientemente tuvimos una reunión familiar. Fue la primera vez que la familia estaba toda junta para hablar de las finanzas familiares desde aquella gran pelea. Resulta que también era la primera vez que los hijos estaban en la misma habitación desde la muerte de su padre. A partir de esa reunión, hemos logrado progresar en hacer que toda la familia Daniels esté en la misma página.

Cuando digo "en la misma página", lo digo literalmente. Los tres hermanos son fiduciarios de varias cuentas. Es fundamental que discutan y revisen las inversiones juntos ya que, como fiduciarios, deben tomar las decisiones en forma colectiva. Sin embargo, no se comunicaron durante años. Al principio, ni siquiera podían estar incluidos en la misma cadena de correos electrónicos. Eso no quiere decir que actualmente su relación sea perfecta, pero la comunicación ha mejorado mucho.

Aunque les ha resultado una tarea difícil ajustarse, saben que es necesario. Fue necesaria mucha motivación al comienzo, pero ahora están en la misma cadena de correos electrónicos. También les pedimos que asistan juntos a todas las reuniones. Hasta ahora, todo marcha bien. Todos se presentan y participan cuando deben hacerlo. No nos corresponde conocer los detalles de cómo se encuentra su dinámica en lo que a su vida personal respecta, pero, desde una perspectiva financiera, pueden tolerarse mutuamente y trabajar juntos. Han reparado su relación lo suficiente como para eliminar los riesgos que su situación había presentado a su patrimonio y su caudal hereditario.

No solo les ayudamos a mejorar la comunicación, sino que, actualmente, les estamos ayudando a construir sus planes patrimoniales individuales. Planes que también se coordinan con el plan familiar Daniels.

La familia Daniels demuestra que es necesario un grado de transparencia y participación de todas las partes para preservar los activos y prevenir los riesgos. Es un riesgo para las familias que

> ## Es un riesgo para las familias que no se comuniquen respecto de sus finanzas compartidas.

no se comuniquen respecto de sus finanzas compartidas. Si uno no está enterado de los planes y algo le sucede a los activos, es fácil que culpe al resto de la familia pensando *"¿Me han robado mi parte de la herencia?"* o *"¿Hay algo que ellos saben y que yo no sepa?"*

LA PERSPECTIVA DE JR: NUESTRAS RECOMENDACIONES DE JUSTO VS EQUITATIVO

La familia Daniels tiene tres hijos y los genearcas decidieron ayudar a cada hijo a comprar un hogar. Los padres querían darle a cada hijo un 25 por ciento del valor del hogar de su elección en forma de crédito inmobiliario. Esta es una buena opción para otorgar a los hijos una versión más favorable de una hipoteca. Pensaron que sería una forma de mantener las cosas justas y equitativas. Sin embargo, se dieron cuenta rápido de que es más fácil decirlo que hacerlo.

En el caso de esta familia, los tres hermanos tenían diferentes niveles de ingresos. La primera estaba divorciada y no ganaba tanto como sus otros dos hermanos. El segundo era abogado y tenía ingresos considerables. El tercero, también un profesional, tenía un ingreso que, combinado con el de su cónyuge, se encontraba entre el de los hermanos.

Como te puedes imaginar, los hijos eligieron hogares basándose en el monto de sus respectivos ingresos. Ese 25 por ciento no sería el mismo para cada hijo. Puede haber sido justo pero, ciertamente, no era equitativo.

Cuando la familia estaba en armonía esto no fue un problema. Sin embargo, tan pronto como el conflicto se manifestó entre los hijos, se volvió preocupante.

El problema se agravó por la falta de transparencia de los padres a lo largo de los años, lo cual fue desafortunado, particularmente porque los padres Daniels habían llegado a una solución: nivelarían la cantidad asignada a cada hijo como parte de la herencia. Las cosas serían justas y *luego* equitativas. Como no se había comunicado el plan patrimonial familiar general en su totalidad, el resentimiento de los hijos continuó durante años.

Los hermanos se preguntaron si estaban recibiendo "lo que les correspondía". Y, al no tener toda la información, no podían estar seguros. Antes de que fallezca un padre o una madre, es fundamental que la familia hable acerca del plan patrimonial. Hacerlo puede evitar mucho dolor y angustia en el futuro.

Al comunicar con transparencia acerca de "justo versus equitativo" como parte de nuestro enfoque a la administración del patrimonio, las familias pueden evitar muchos dolores y malentendidos.

Hoy en día, todos los miembros de la familia Daniels tienen su lugar en la mesa. Es mucho más fácil responder cualquier pregunta respecto de cómo fluirán los activos. Gracias a las discusiones honestas, ya no se sostienen las sospechas de no estar recibiendo la parte que le corresponde a cada uno.

Creemos que la forma más transparente de coordinar el patrimonio de una familia es llevar un registro de todos los activos en un único documento que llamamos "balance del patrimonio neto". Al final de este capítulo encontrarás una muestra de balance de patrimonio neto que detalla los activos de la familia Daniels, así como una hoja en blanco para que utilices con tu familia.

El balance del patrimonio neto proporciona a las familias dos grandes ventajas:

VALORES FAMILIARES EN RIESGO

1. Nos permite coordinar todos tus activos, lo que, como vimos en el capítulo 4, nos brinda la oportunidad de adoptar un enfoque unificado frente a puntos como la asignación y la ubicación.

2. Nos muestra toda la información en una sola página, lo que nos permite analizar el valor real y el riesgo real con mayor frecuencia.

En lo que a nuestro enfoque ante los activos de una familia respecta, siempre buscaremos minimizar los riesgos y maximizar el valor.

En este capítulo te ayudaremos a cambiar tu concepto del riesgo y compartiremos nuestras soluciones que ofrecen el valor más *real* para las familias.

EL BALANCE DEL PATRIMONIO NETO

La forma más sencilla y completa de promover la coordinación es la transparencia y eso comienza al compilar todas tus inversiones en un balance del patrimonio neto.

Hemos aprendido que un balance de una página es mucho más útil y poderoso que una revisión anual de cincuenta páginas.

Muchos asesores compilan un documento demasiado grande, lleno de gráficos y porcentajes. Hemos descubierto que son muy pocos los clientes que efectivamente lo leen o comprenden en su totalidad todas estas páginas. Esto no se debe a que no son unos genios de las finanzas, sino a que son documentos muy difíciles de entender, incluso para nosotros (y trabajamos con esto todos los días).

Aún más, la realidad es que las tenencias, los riesgos y las decisiones más importantes de una familia se pueden compilar en un único documento. ¿Para qué complicarlo aún más? La simpleza de un balance del patrimonio neto es un gran alivio en más de un sentido.

Entonces, ¿qué es un balance del patrimonio neto?

Generalmente, refleja los activos de retiro, activos gravables, bienes muebles e inmuebles, pólizas de seguro e inversiones privadas. Solo agregamos las cuentas al documento cuando hayamos realizado una revisión completa. Por ejemplo, nos aseguramos de que todas las pólizas de seguro o planes de caudal hereditario estén actualizados antes de incluirlos en el balance de patrimonio neto y, de esa forma, evitamos múltiples instancias de complicaciones. El objetivo es obtener una comprensión clara de todas tus tenencias en la página.

Con todos los datos frente a nosotros en un formato fácil de comprender para todas las partes involucradas podemos realizar las mejores recomendaciones posibles. Esto no es solo una sorpresa para nosotros, sino para las familias también, ya que finalmente pueden ver su total general.

En muchas ocasiones hemos escuchado a un cliente decir: "¡Me olvidé de ese activo!", o bien: "Sí, supongo que trabajé para tres empresas diferentes y ahora tengo tres 401(k) distintos que no transferí".

Puede ser fácil olvidarse de un 401(k) al que solo financiaste con $5000. Si eso fue hace veinte años, puede haber acumulado $40.000 en intereses hoy. Por ejemplo, tuvimos una clienta que contribuyó un poco cada año a un 401(k). Se olvidó de que la empresa también participaba en repartición de utilidades. Después de varios años se cambió de empresa y dejó eso atrás. Aproximadamente quince años después, mientras armábamos su balance del patrimonio neto, recordó que tenía un 401(k) viejo. Comenzamos el proceso de rastrearlo y descubrimos que el valor de la cuenta había incrementado. Para cuando encontramos este 401(k) olvidado, tenía $350.000. ¡Eso no es para nada deleznable!

> Lo importante es que, con la transparencia que proporciona un balance del patrimonio neto, podemos coordinar tu cartera para minimizar el riesgo y maximizar el valor en cualquier clima del mundo de las inversiones.

Dado que cada balance del patrimonio neto es distinto para cada familia, no nos adentraremos en los detalles. Lo importante es que, con la transparencia que proporciona un balance del patrimonio neto, podemos coordinar tu cartera para minimizar el riesgo y maximizar el valor en cualquier clima del mundo de las inversiones. A continuación, te mostraremos cómo.

NUESTRO ENFOQUE TRANSPARENTE PARA ADMINISTRAR TUS ACTIVOS

Cuando se trata de coordinar tus activos con la finalidad de evitar riesgos, hay varios aspectos que cimentan nuestro enfoque. Los siguientes cuatro aspectos resaltan de qué forma nuestro enfoque FVR ante la administración patrimonial difiere de la norma de la industria:

- Priorizar los ingresos de la cartera para protegerla de riesgos.

- Crear transparencia sobre las inversiones.

- Participar en asignación dinámica de activos.

- Alinear la tolerancia al riesgo correspondiente con el beneficiario.

PRIORIZAR LOS INGRESOS DE LA CARTERA PARA PROTEGERLA DE RIESGOS

Sin importar el clima en el mundo de las inversiones, hemos aprendido que una familia que se prepara para el retiro debe priorizar los *ingresos*. Los ingresos son una prioridad para todas las edades, ya sea que estés ganándolos por tu empleo o que tu cartera lo genere por ti. Toda la coordinación de activos, la transparencia y los aspectos detrás de nuestro enfoque están diseñados para maximizar el valor que recibes de una cartera.

Muchos asesores adhieren a la sabiduría convencional cuando tienen activos. Como hemos visto antes, esto resulta en activos no coordinados, patrimonio mal asignado y riesgos de cargas impositivas, pérdida de valor y más. Priorizar tus necesidades de ingresos nos ayuda a navegar a través de muchos riesgos inherentes al mundo de las inversiones.

Con una cartera enfocada en los ingresos, coordinamos las tenencias para maximizar tu flujo de fondos de ingresos conforme a tus objetivos, a la vez que alineamos nuestra estrategia para cumplir con tu nivel de tolerancia al riesgo.

El flujo de fondos viene de diversas formas, dos de las cuales son dividendos e intereses. El flujo de fondos más conocido son los intereses generados por los bonos. Generalmente, los bonos tienen el flujo de fondos más estable, por lo que muchos inversores naturalmente mueven sus carteras hacia los bonos cuando se acercan a la edad de retiro. Nuestro equipo tiene una ventaja en esto ya que solo invertimos en títulos valores individuales. Somos capaces de generar el flujo de ingresos deseado que buscan nuestros clientes buscando y utilizando tanto bonos como valores que pagan dividendos. Las empresas que tienen antecedentes de incrementar los dividendos ayudan a los inversores a sobrellevar la inflación, ya sea que busquen la generación de ingresos o desarrollar crecimiento.

Algunos asesores y clientes esperan que las acciones o los bonos tengan el mismo rendimiento hoy en día que hace décadas. Sin embargo, aferrarse al pasado puede no ofrecer el mejor enfoque para el clima actual, ya que los activos no siempre rinden de la misma forma en que lo hicieron históricamente. Por lo tanto, aunque la sabiduría convencional del pasado puede sugerir que necesitas menos riesgos, el entorno actual (incluidas las bajas tasas de interés) puede requerir más riesgo para alcanzar los mismos objetivos.

CREAR TRANSPARENCIA SOBRE LAS INVERSIONES: ¿SABES QUÉ TIENES?

La nueva era de las inversiones es automatizada. Los inversores pasivos escogen un índice que coincida con su tolerancia al riesgo e, idealmente, con las comisiones más bajas y dejan que la inversión permanezca quieta por décadas. Esta nueva forma de invertir tiene sus méritos; principalmente, que la inactividad significa que puedes "realizarla y olvidarte de ella".

Cuando inviertes en un índice (digamos, el S&P 500), inviertes en quinientas de las empresas más grandes que cotizan en la bolsa. Inviertes en las empresas responsables de algunas de las industrias más grandes: tecnología, energía, manufactura, tabaco, armas y más. Parte de tu rédito puede venir del rendimiento de empresas con las que quizás no acuerdes moralmente. Quizás esto amerite tu reflexión.

Hemos tenido clientes que padecieron cáncer o tuvieron hijos que lucharon contra esa enfermedad y, por lo tanto, no podían soportar la idea de contribuir a una empresa o industria relacionada al cáncer.

A medida que las muertes por armas de fuego aumentan su presencia en los titulares de los periódicos, hemos tenido reuniones con clientes que quieren asegurarse de que no están invirtiendo en empresas de armas de fuego. Hubo algunas empresas que reaccionaron de forma inescrupulosa durante la COVID-19 y quizás no quieras tenerlas en tu cartera. Podemos ayudar a nuestros clientes a eliminar esas empresas de sus carteras, pero ese no es el caso para aquellos que tienen sus activos bajo la administración de asesores que utilizan ETF y fondos mutuos.

Hemos tenido clientes que tuvieron problemas con las tenencias externas como los fondos mutuos o ETF. No podían llamar a su otro asesor de cartera y decirle: "No quiero que mis fondos se inviertan en determinadas empresas". ¿Por qué? Porque, entonces, el asesor deberá admitir que, desafortunadamente, esas acciones son partes de productos sobre los cuales no tienen un verdadero control.

Creemos que el enfoque original, en el que una firma elige las acciones individuales, tiene muchos más méritos y permite que los clientes sepan qué tienen. Saber qué tienes y trabajar con asesores que se hagan cargo de las inversiones que haces es una máxima basal de nuestra filosofía general. Se trata de transparencia y de la confianza y la paz mental que acarrea.

Si nuestros clientes nos solicitan no trabajar con una empresa en particular podemos cumplir con su deseo. Siempre estoy a disposición para mostrarles a nuestros clientes exactamente qué tienen, dónde está y qué hace.

La tendencia a ser conscientes de dónde invertimos nuestro dinero está en aumento. Los millenials, particularmente, se preocupan por algunos de los riesgos asociados con los fondos de índice pasivo. Para estos inversores es importante utilizar su dinero de forma acorde a su conciencia. La mayoría de las firmas tienen problemas para trabajar bajo esos términos. Mira a tus tenencias, o incluso tu 401(k) u otro plan de retiro. ¿Sabes realmente qué tienes?

LA PERSPECTIVA DE JR: EXPLICANDO LA LETRA CHICA

En nuestro campo, leemos montones de documentos todos los días. En muchos de estos documentos, vemos que hay clientes que acordaron y firmaron cosas que nos sorprenden. A menudo, cuando mencionamos estas sorpresas a los clientes, ellos están tan confundidos como nosotros.

Por ejemplo, señalamos: —¿Sabías que, de acuerdo con este documento, después de que muera tu segundo hijo, incluso si tiene descendientes, tu dinero pasará a manos de tu hermano?

—¿Realmente dice eso? —nos han preguntado muchos.

Los fideicomisos son un ejemplo de documentos vinculantes con letra chica que puede resultar contraria a tus deseos. De todos modos, sabemos cómo ocurren estos problemas: todos hemos firmado algo sin leerlo completamente. Muchos de nosotros no queremos tomarnos el tiempo de leer la letra chica, especialmente si nos cobran por tiempo.

Cuando revisamos los fideicomisos de un cliente, siempre creamos un organigrama con las estipulaciones del fideicomiso. Las sorpresas generalmente aparecen cuando nos sentamos a revisar el organigrama cara a cara con el cliente.

En muchas ocasiones, los errores en un fideicomiso suceden cuando un abogado sencillamente reemplaza el nombre de un cliente por otro sin realizar cambios adicionales al documento. Si se lee como si hubiese sido escrito para otra familia, posiblemente ese sea el caso.

Este problema no se limita a los fideicomisos. A menudo

vemos problemas con anualidades, productos a los que frecuentemente se han atado los clientes sin entender del todo cómo llegaron a esa situación.

Cuando los corredores venden anualidades, a menudo utilizan terminología que difiere con creces de lo que muchos están acostumbrados a escuchar en sus vidas diarias. Por lo tanto, es posible que los clientes terminen comprando algo que no funciona en realidad como creen que funciona. Aunque nosotros no vendemos anualidades, como parte de nuestra revisión holística repasamos los pros y los contras con los clientes para que luego no se encuentren arrepintiéndose de comprar.

No obstante, no se trata solo de tener un equipo que te respalde. Así como es importante trabajar con las personas indicadas para preparar tus documentos y administrar tu dinero, es igualmente importante leer siempre la letra chica y realizar preguntas. Comprendemos que estás ocupado, por lo que nosotros nos ocupamos de leerla y explicártela de forma sencilla para que puedas tomar una decisión con tranquilidad.

PARTICIPAR EN ASIGNACIÓN DINÁMICA DE ACTIVOS

Hoy en día, cómo navegar las tasas de interés, o el rendimiento negativo, es un tema central en el rubro. Actualmente, los inversores europeos se encuentran esencialmente pagando al banco para que tenga su dinero. Como todos sabemos, puede ser un gran desafío vivir de ingresos negativos.

Estos fondos automatizados de bajo costo que se han convertido en la norma en la industria solo contribuyen al problema. Los inversores se encuentran a merced del mercado y su volatilidad, solo deseando que las cosas salgan bien con el tiempo. Esa realidad realza la importancia de nuestro enfoque.

Tener posiciones de ingresos fijos individuales y acciones que pagan dividendos nos permite proporcionar a los inversores un ingreso sostenible. Por ejemplo, las empresas de larga vida que elevan regularmente sus dividendos funcionan como flujos de ingresos bastante seguros con los que las familias pueden vivir durante generaciones. Cuando se los escoge cuidadosamente y luego se diversifica con otras tenencias, estas empresas ofrecen un enfoque sostenible que mejora todos los resultados generales.

Así que, si no estamos invirtiendo pasivamente, ¿cuál es nuestro enfoque ante las inversiones activas? Podríamos escribir libros enteros sobre este tema, pero aquí ofrecemos un buen resumen.

Las inversiones activas tienen dos beneficios principales sobre los que nos enfocamos. Primero, permiten reposicionar las carteras rápidamente para ajustarnos a las fluctuaciones en los sectores en los que invertimos. Por ejemplo, durante la caída debido a la COVID-19, la burbuja punto com y la Gran Recesión, nuestro proceso nos permitió obtener un gran porcentaje en efectivo para protegernos, pero, a su vez, también nos dio la capacidad de reinvertir para no perdernos de la recuperación. No acertamos todas las veces, pero acertamos con el paso del tiempo.

Al ser capaces de asignar y reasignar inversiones de bajo rendimiento a otras de alto rendimiento, podemos proteger o sacar provecho de las oportunidades del mercado. Este enfoque activo nos proporciona una gran ventaja sobre las inversiones pasivas.

El segundo punto atemporal en el que nos basamos es nuestro análisis del flujo de fondos. Cuando observas la tendencia actual hacia la automatización en la industria, es fácil reconocer una dura realidad: a los algoritmos informáticos se les dificulta mucho analizar el flujo de fondos.

La tecnología actual es fenomenal, tiene la capacidad de procesar increíbles algoritmos. Ya se trate de los dividendos de una acción en particular o el pago de intereses sobre un bono, todo en lo que invierte ese algoritmo se basa en el precio en el que se comerció por última vez ese título valor: sea precio a diario, semanal o mensual. A pesar de estos fantásticos desarrollos, el análisis de flujo de fondos automatizado se encuentra muy atrasado en relación a lo que son capaces los asesores.

Para explicar esto, utilizaré el ejemplo de una inversión en bienes muebles e inmuebles. Si eres dueño de un edificio de rentas puede que tengas una unidad vacía, por lo que tu flujo de fondos puede sufrir al corto plazo. Sin embargo, en el largo plazo, si tienes buenos inqui-linos, puedes contar con ese flujo de fondos. El valor del edificio se basa en el flujo de fondos general, no solo en el período de tiempo en el cual esa unidad estuvo vacía. Lo mismo sucede con las inversiones. No pensamos únicamente en la vacante a corto plazo. Pensamos en el valor general de la unidad sobre la base de su rendimiento a lo largo de los años. Eso nos pone en una situación de ventaja en comparación con los sistemas automatizados.

En lo que respecta a tu cartera individualizada y tus inversiones activas, la asignación de activos y el análisis de flujo de fondos son los dos diferenciadores principales en comparación con la inversión pasiva.

ALINEAR LA TOLERANCIA AL RIESGO CORRESPONDIENTE CON EL BENEFICIARIO

Profundicemos un poco más en nuestro proceso para evaluar la toler-ancia al riesgo con el siguiente caso hipotético.

Nos contactaron unos genearcas en edad de retiro para solicitar ayuda. Han armado una cartera sustancial que incluye fondos de un fideicomiso que la matriarca heredó de su madre.

El fideicomiso que heredó la matriarca estuvo invertido en acciones durante los últimos cincuenta años y creció sustancialmente. Ese caudal hereditario ya ha sido transferido durante tres generaciones y ella quiere asegurarse de que esto siga siendo así. Sin embargo, ahora le preocupa perder el valor de este fideicomiso heredado que construyó su madre. Haber pasado por la Gran Recesión y perder una parte de ese caudal hereditario la ha puesto nerviosa y, en consecuencia, quiere ser aún más conservadora.

¿Se debería invertir el fideicomiso en forma más conservadora para responder a sus preocupaciones o en forma menos conservadora sobre la base del horizonte de cincuenta años para sus nietos, quienes son sus beneficiarios deseados?

El primer paso es identificar cada uno de los objetivos financieros de los genearcas y determinar cómo lograrlos. Uno de los objetivos principales es proporcionar los ingresos necesarios para el retiro de los genearcas. Una vez cubierta esa necesidad, podemos ocuparnos acerca de qué quieren dejarles a sus hijos y tomar medidas para lograrlo. Construir un legado y un plan financiero nos permite tener una visión sobre todos los objetivos de la familia. Al tener un plan listo, estamos mejor preparados para responder y superar las preocupaciones de tolerancia al riesgo de la matriarca.

Si separáramos el patrimonio que los genearcas construyeron por si mismos de la herencia de la matriarca, habría más que suficiente dinero para que vivan el tipo de vida al que están acostumbrados y aun así les sobraría dinero.

Con ese problema resuelto podemos enfocarnos en la parte de la cartera que representa la herencia. ¿En que se debería invertir? ¿Debemos tener en cuenta las preocupaciones de tolerancia al riesgo de los genearcas cuando los beneficiarios finales serán los nietos y con un horizonte de tiempo de cincuenta años o más?

Compartimos con la matriarca los resultados de nuestro trabajo. Después de revisar el proceso, le quedó claro que fideicomiso heredado no era necesario para cubrir las necesidades de ingresos suyas y de sus hijos. Pudo ver que, a pesar de sus dudas respecto del riesgo, teniendo en cuenta el horizonte de tiempo de los beneficiarios finales, era más apropiado enfocarse en el crecimiento.

ADMINISTRACIÓN DISCRECIONAL DE CARTERA: SIN EL INTERMEDIARIO

Como parte de nuestro esfuerzo para coordinar los activos de un cliente, proporcionamos una variedad de servicios. Creemos que cada servicio se realiza mejor cuando lo administra un especialista.

La mayoría de las firmas elige trabajar con especialistas tercerizados. Estos intermediarios agregan múltiples capas de costos a la administración de la cartera de una familia. Existe una tarifa explícita relacionada con contratar a un administrador externo de fondos o a un fondo de índice pasivo. El otro gasto está representado por el costo de oportunidad. Veamos este ejemplo: tienes una reunión con tu asesor. El mercado está cambiando y necesitas reasignar tus inversiones. Para eso, tu asesor debe contactar al administrador tercerizado para procesar tu pedido de reasignación.

Llevará tiempo ejecutar estas transacciones, creando un retraso inevitable en el procesamiento que resulta en costo de oportunidades perdidas. Ahora imagina la misma experiencia de cliente multiplicada por docenas de reuniones que se suceden durante el transcurso de algunas semanas. Sin discreción sobre la cartera, la persona tercerizada no puede accionar hasta que se le den instrucciones de hacerlo. Si el reequilibrio recomendado por el asesor es tan importante, entonces no puede esperar hasta que se realice la reunión, mientras tanto, un administrador discrecional realizará estas transacciones inmediatamente.

Nuestras decisiones de inversión se toman en nuestra oficina gracias a nuestro estilo de administración discrecional de carteras. No tercerizamos ninguna administración de activos. Este es el gran beneficio de ser una firma independiente: controlamos nuestros propios resultados.

POR SOBRE TODO, LA COMUNICACIÓN EVITA RIESGOS

Hemos visto familias que se han enfrentado a problemas cuando se pierde la comunicación, como le sucedió a la familia Daniels. Cuando las familias no se comunican, pueden hacerse daño. Cuando hay poca transparencia o educación aparecen las sospechas, es natural. Aún peor, esas heridas y sospechas pueden resultar en tomas de decisiones riesgosas que, en última instancia, pueden dañar el patrimonio.

Todo esto se puede evitar con una comunicación honesta y voluntaria.

En el caso de los Daniels, la situación era riesgosa porque los miembros de la familia no se comunicaban entre sí. En el peor momento de la situación, los hermanos solo hablaban con su madre.

En sus mentes continuaban preguntándose si su situación financiera era realmente justa en comparación con la de sus hermanos. Dado que no estaban informados, los tres hermanos sospechaban que no estaban recibiendo lo que les correspondía. Teniendo en cuenta los problemas y heridas existentes, te puedes imaginar cuán rápido las cosas pueden irse de control. Esa sospecha hubiera empeorado si su madre fallecía antes de que pudieran conversar. Afortunadamente, como mencionamos, eventualmente pudieron superar este problema.

No estamos seguros de por qué los miembros de la familia se pelearon originalmente, pero era obvio que la situación financiera era solo otro aspecto problemático en una situación ya de por sí compleja. Ser honestos y transparentes eliminó cualquier duda financiera que pudieran haber tenido. Ahora saben lo que sucede en relación con sus finanzas y están comprometidos a mantener la comunicación abierta respecto de esto.

Nuestra perspectiva objetiva es otro beneficio. Podemos proponerles diversos escenarios y actuar como grupo de expertos imparciales. Eso cultiva la transparencia dentro de la familia. En nuestra experiencia, sabemos que la transparencia puede ayudar a enfocarse en los riesgos y promover la coordinación de activos para eliminar dificultades comunes como falta de comunicación, respuestas emocionales a la volatilidad, tarifas duplicadas, cargas impositivas y mucho más. Puede ayudar a las familias a prosperar. No obstante, la transparencia y la coordinación no pueden existir sin una comunicación honesta. Al finalizar el día, un poco de comunicación voluntaria ayuda mucho.

CAPÍTULO 5: HOJA SEPARABLE

Este es el balance de patrimonio neto de la familia Daniels. Si deseas crear tu propio balance de patrimonio neto para tu familia, hemos incluido un modelo en la siguiente página. Por motivos ilustrativos, las cifras están indicadas en dólares estadounidenses.

DESCRIPTION	MATRIARCH	PATRIARCH (DECEASED)	OUTSIDE OF ESTATE	TOTAL
INVESTMENT ASSETS				
Retirement Accounts				
· Matriarch IRA - XXXXX392	$ 3,065,000			$ 3,065,000
· Matriarch Roth - XXXXX445	$ 2,137,000			$ 2,137,000
Taxable and/or Tax-Free Accounts				
· Family Trust - XXXXX289			$ 4,216,000	$ 4,216,000
· Marital Trust - XXXXX290			$ 1,387,000	$ 1,387,000
· Partnership - XXXXX560	$ 48,000		$ 3,350,000	$ 3,398,000
· Matriarch Revocable Trust - XXXXX290	$ 2,889,000			$ 2,889,000
· Checking account - XXXXX872	$ 121,000			$ 121,000
Total Investment Assets:	$ 8,260,000	$ -	$ 8,953,000	$ 17,213,000
OTHER ASSETS				
Insurance Products				
· Whole Life Policy			$ 300,000	
· Term Policy			$ 500,000	
Private Investments				
· Investment Property	$ 150,000			$ 150,000
· Start-up Investment	$ 50,000			$ 50,000
Home and Personal Assets				
· Chicago Condo - Home	$ 2,312,000			$ 2,312,000
· California Lake House - Vacation	$ 1,461,000			$ 1,461,000
Total Other Assets:	$ 3,973,000	$ -	$ 800,000	$ 3,973,000
LIABILITIES				
Personal Real Estate Loans				
· Chicago Condo - Residence	$ (628,000)			$ (628,000)
· California Beach House - Vacation	$ (831,000)			$ (831,000)
Other Personal Debt				
· Margin Loan	$ (438,000)		$ (1,134,000)	$ (1,572,000)
Total Liabilities:	$ (1,897,000)	$ -	$ (1,134,000)	$ (3,031,000)
Net Worth:	$ 10,336,000	$ -	$ 10,887,000	$ 18,155,000

Balance de patrimonio neto al _____

DESCRIPTION	MATRIARCH	PATRIARCH	OUTSIDE OF ESTATE	TOTAL
INVESTMENT ASSETS				
Retirement Accounts				
Taxable and/or Tax-Free Accounts				
Total Investment Assets:				
OTHER ASSETS				
Insurance Products				
Private Investments				
Home and Personal Assets				
Total Other Assets:				
LIABILITIES				
Personal Real Estate Loans				
Other Personal Debt				
Total Liabilities:				
NET WORTH:				

LEGADO FAMILIAR EN RIESGO

En el capítulo 6, Vanessa nos lleva de vuelta con la familia Archer para compartir el legado multigeneracional de una casa del lago. Nos muestra por qué los conflictos y las cargas involuntarios presentan un riesgo significativo para el legado de una familia. Además, comparte cómo la comunicación, los fideicomisos de apoyo y los patrocinios son estrategias prudentes que ayudan a evitar riesgos potenciales. El capítulo cierra con la sorpresiva historia de un obituario desgarrador.

Cuando los genearcas Archer eran muy jóvenes, compraron una casa del lago como propiedad de inversión. Cuando la compraron, la vieron como un destino romántico para la pareja. Dado que no tenían hijos siendo tan jóvenes, disfrutaban utilizarla para escaparse de la vida de la ciudad. Más adelante, cuando tuvieron hijos, la casa se convirtió en el retiro familiar, un lugar para que sus cinco hijos pudieran divertirse.

Con el pasar de los años, la casa del lago se convirtió en el lugar predilecto para las reuniones familiares. Hijos, nietos y bisnietos crecieron allí, nadando durante los veranos y sentándose juntos frente al hogar en los inviernos. Lo que comenzó como una inversión se convirtió en mucho más.

En un comienzo, la propiedad era mucho más chica de lo que es hoy. A medida que se expandió la familia Archer, comenzaron a comprar más terreno alrededor de la propiedad original y continuaron construyendo. Era una propiedad en crecimiento que se iba adecuando al crecimiento de la familia.

Actualmente, la propiedad es un sustancial complejo familiar con una gran cantidad de inmuebles frente al lago. No obstante, su aspecto más importante no es un muelle o un hogar. Es el hecho de que este lugar fue un refugio para toda la familia en las buenas y en las malas —que los ayudó a sobreponerse de una traumática pérdida— y este refugio posiblemente continúe mucho tiempo después de que los genearcas ya no estén aquí.

La casa del lago nunca fue más importante para la familia que cuando los hijos eran jóvenes adultos y uno de los cinco falleció inesperadamente. En el proceso de lidiar con el trauma, la familia terminó pasando la mayor parte de un verano allí, donde podían visitarse y ayudarse a sanar.

A partir de ese verano, la casa del lago se convirtió en un lugar sagrado que siempre reunía a la familia y la acercaba. Incluso cuando los hijos se casaron y tuvieron sus propios hijos, ahora adultos que podrían haber elegido pasar su tiempo libre en otro lugar, la casa del lago siguió siendo tan importante como siempre.

Cuando los genearcas Archer se encontraban cerca de los setenta años, se alegraron de ver que la siguiente generación también quería visitarles allí. Los nietos llevaban a sus amigos y la pasaban juntos mientras los abuelos disfrutaban de ser anfitriones y de sentirse necesitados. ¡Se vieron agradablemente sorprendidos de que las generaciones más jóvenes *quisieran* ir a lo de sus abuelos! Tanto las generaciones mayores como las más jóvenes disfrutaban de la atmósfera.

Hoy en día, los nietos están en la universidad o, en muchos casos, terminaron sus estudios y formaron sus propias familias. Sin embargo, continúan yendo juntos a la casa del lago cada verano.

Como se mencionó en el capítulo 2, la familia Archer siempre tuvo un enfoque inclusivo y multigeneracional con respecto a sus activos y su caudal hereditario. Trabajaron juntos, primero como pareja y luego con sus hijos, para desarrollar un plan transparente e integral que preservara su patrimonio y sus valores.

Naturalmente, la casa del lago ha sido una de las partes más importantes del patrimonio en su plan. No es solo un activo o una parte del caudal hereditario para transferir. Es un legado de todo lo que significa la palabra "familia" para los Archer. Simboliza toda la alegría, la tristeza, los problemas y el amor que la palabra representa. ¿Qué sucederá cuando fallezcan los genearcas Archer?

TU LEGADO, EN RIESGO

El legado, cuando se le considera como parte de un plan patrimonial integral, puede ayudar a una familia a preservar sus valores y su patrimonio. Cuando se le *ignora*, el legado puede presentar riesgos graves.

Imagínate por un momento que la pareja Archer original *no* tuviera un plan integral listo. ¿Qué sucedería con su patrimonio y su legado de la casa del lago al fallecer?

Desafortunadamente, esta es una de las realidades más comunes que hemos visto sucederle a otras familias: luchan con el *conflicto* y la *carga*. El conflicto surge cuando los herederos de una propiedad compartida tienen distintos medios financieros y no se ponen de acuerdo respecto del uso y el cuidado que quieren darle a la propiedad. La carga surge cuando las obligaciones de mantenimiento e impositivas ligadas a ser propietarios aparecen inesperadamente.

Ignorar la planificación del legado puede presentar varios riesgos evitables, incluidos:

- los conflictos entre familiares y herederos
- las cargas impositivas y de mantenimiento
- las historias y los recuerdos perdidos

También surgen muchas preguntas. ¿Quién usa la propiedad y cuándo, ahora que ya no son los genearcas quienes deciden? ¿Quién da permiso? ¿Cómo puedes mantener una propiedad y no crear conflicto y cargas para generaciones futuras?

Muchas familias no consideran estas preguntas. Los padres podrían pensar "Es un tema para que se preocupen nuestros hijos". Sin embargo, mientras más se hablen estos temas antes de la transferencia del caudal hereditario, mejor será para la armonía familiar a largo plazo.

En este caso, los genearcas de la familia manejan el negocio familiar y tienen cinco hijos, cuatro de los cuales tendrán que continuar con el legado de la casa del lago. Uno es un abogado, otro un médico, otro un profesor y uno todavía es mantenido por los genearcas. Los documentos indican que cuando los genearcas fallezcan, los cuatro hijos vivos deben compartirlo.

¿Qué sucederá cuando haya que cambiar la caldera? ¿O cuándo se rompa el aire acondicionado? ¿O ambos? ¿Quién es responsable de obtener el dinero necesario para realizar las reparaciones, si no se ha designado dinero del fideicomiso específicamente para el mantenimiento de la propiedad?

Claro que los cuatro hermanos pueden dividir los gastos en

forma equitativa. Sin embargo, eso no es una buena opción si uno de ellos vive únicamente de los ingresos que heredó de sus padres. A medida que pasa el tiempo y preguntas como estas se van acumulando, aumenta el riesgo de conflictos.

Eventualmente, uno de los herederos puede decirle a otro: "No ganas lo suficiente como para cubrir los gastos, así que no puedes seguir usando la casa".

Que hermanos obliguen a un hermano o hermana a dejar de usar una propiedad si no pueden ayudar a cubrir los gastos es una pesadilla que, desafortunadamente, sucede una y otra vez. Los padres fallecidos no viven para ver lo peor: lo que había sido un legado de unidad familiar se convierte en la fuente de resentimiento y discordia.

Cuando se trata de un activo de legado, muchos piensan: "Mis herederos lo resolverán. Seguro, en algún momento se enojarán, pero lo resolverán".

Desgraciadamente, en muchos casos los herederos *no* lo resuelven. Entonces, el conflicto crea dolor en el seno familiar.

Aunque los escenarios como el mencionado son comunes, la mayoría de los planes patrimoniales no los tienen en cuenta.

Generalmente, un plan patrimonial establecerá que un activo de legado como una casa debe permanecer en la familia. En otras palabras, los herederos *no* deberían venderla y deberían hacerse responsables de su mantenimiento. Eso es todo.

En el caso de los Archer, en la siguiente generación había cuatro individuos. Con eso en mente, en lo que a la casa del lago respecta, los Archer pensaron en todos los detalles antes de fallecer.

Los Archer hicieron las siguientes preguntas:

- ¿Existe un documento, como una hoja de cálculo compartida o un calendario centralizado, que muestre quién pasa tiempo en la casa del lago y cuándo?

- ¿Cómo se divide el tiempo? ¿Quién puede pasar más tiempo y quién menos?

- Si algo se rompe, ¿quién debe pagar por la reparación?

- ¿Cuál es el proceso para acordar vender la propiedad?

- ¿Existe un fideicomiso de apoyo con activos que se puedan utilizar para pagar reparaciones y mantenimiento?

- ¿Los cuatro hijos Archer comparten la misma carga para mantener la propiedad en la familia, aunque pueden tener distintos medios financieros?

Bajo nuestra recomendación, los Archer hicieron tres cosas para transferir exitosamente su legado: se comunicaron para evitar conflictos y cargas, establecieron un fideicomiso de apoyo para la casa del lago y otorgaron patrocinios para mejorar la situación de la siguiente generación. Explicaremos cada uno de estos conceptos más adelante. Primero, revisemos la idea de legado y cómo debes pensar en ello para transferir tu patrimonio y valores a la siguiente generación.

¿TUS HEREDEROS COMPARTEN TU PASIÓN?

Cuando comienzas a hacerte preguntas y tomar decisiones acerca de lo que transferirás, existe una consideración clave que muchas personas pasan por alto: ¿tus herederos comparten tu misma pasión por tus activos?

Esto es particularmente importante en el caso de los bienes inmobiliarios. Digamos que invertiste en algunas propiedades de inversión. Con el pasar de los años, adquirirlas se convirtió en un proyecto que te apasiona. Pasas tiempo restaurándolas con cariño, encontrando los inquilinos adecuados y tomando decisiones cuidadosas acerca del mantenimiento y las reparaciones.

Como resultado de tu dedicación, estas propiedades te han redituado una cantidad sustancial de dinero. Es fácil verlas como una gran herramienta de inversiones, una que tus hijos o nietos serían afortunados de tener. Sin embargo, ¿qué sucede si ellos no comparten esa pasión por los bienes inmobiliarios?

Mantener ese tipo de activo requiere mucha responsabilidad y dedicación. Sin eso, no prosperará. En vez de eso, puede convertirse rápidamente en una carga que no contribuirá positivamente a tu legado en el largo plazo.

Piensa en lo que planeas dejarles a tus herederos. Si el activo requiere mantenimiento o consideraciones especiales de cualquier tipo, tus herederos deben demostrar algún tipo de pasión por ello. Prepara una reunión y pregúntales si significará tanto para ellos como para ti. Sus respuestas deberían ayudarte a determinar cómo proceder. Si nadie está interesado en mantener propiedades de bienes inmobiliarios después de que fallezcas, quizás vender esos activos antes de que mueras es la decisión correcta.

O quizás tenías en mente uno de tus hijos para que heredara esa hermosa obra de arte que siempre tuvo un lugar de honor en tu hogar. Quizás ese hijo no está interesado en esa obra y no la trataría con el mismo cuidado; quizás otro heredero sea mejor opción para recibirla. O quizás un museo de arte local o una institución cultural deban encargarse de su cuidado.

Sin embargo, la realidad es que no lo sabrás hasta que preguntes. Si nadie habla de ello, entonces no hay forma de medir cómo se sentirán las siguientes generaciones. Como resultado, puede que se encuentren administrando algo que es una fuente de molestias en vez de alegría.

De la misma forma, puede que no estén al tanto del valor emocional y monetario de lo que les transfieres y lo vendan por un valor mucho menor al del mercado y, potencialmente, privando a las futuras generaciones de una parte de la historia familiar.

La única forma de evitar una situación como esta es conversar. Habla acerca de tus planes para tu patrimonio, lo que significan tus activos para ti, lo que valen y cómo querrías que los manejen después de que no estés. Solo entonces puedes estar seguro de que has cubierto todos los frentes a la hora de dejar un gran legado.

¿QUÉ ES UN LEGADO?

"Un legado no es dejar algo *para* las personas. Es dejar algo *en* las personas". —Peter Strople

Cuando ya no estés, ¿qué quedará? ¿Qué legado sobrevivirá más allá de tu eventual muerte? ¿Por qué serás recordado y quién lo recordará?

Es vital comenzar a plantearte estas preguntas acerca de tu legado mientras sigues el enfoque FVR.

Tu legado puede ser una casa del lago, como en el caso de los Archer, o puede ser una donación, un conjunto de valores importantes o incluso recuerdos e historias familiares. "Legado" se refiere a las creencias, los valores, las personas y las causas que continúan en beneficio de otras personas, incluso cuando ya no estés.

La palabra "beneficio" es clave. Cuando estableces un legado intencionalmente para beneficio de otros, ayudas a tus herederos y beneficiarios a evitar cualquier conflicto y carga. Ayudas a garantizar que tu legado será recordado en forma positiva.

Todos tienen un legado familiar que transmitir. Mi legado familiar

> Cuando estableces un legado intencionalmente para beneficio de otros, ayudas a tus herederos y beneficiarios a evitar cualquier conflicto y carga.

tiene muchas partes, pero una que sobresale es una fuerte cultura de retribuir. Creemos que hay tradiciones que deben mantenerse iguales y otras que deben mejorar año tras año. El legado de la familia de JR es vivir dando el ejemplo, marcar la diferencia para generaciones futuras y ayudarles a ser fieles a nuestros valores centrales. Tanto JR como yo entraremos en más detalles en el capítulo 7.

Como describimos en los capítulos previos respecto de los riesgos a tus activos y tu caudal hereditario, los riesgos que pueden afectar tu legado también se ven afectados de forma similar por el enfoque predominante ante la administración patrimonial. Cuando planeas tu legado con un propósito como parte de tu plan patrimonial, hay tres medidas que priorizan el patrimonio y el futuro de tu familia:

1. Comunicar intencionalmente para evitar conflictos y cargas;

2. Preservar los activos de legado con un fideicomiso de respaldo;

3. Empoderar a la siguiente generación mediante estrategias de patrocinio.

COMUNICAR PARA EVITAR LA PÉRDIDA DEL LEGADO

¿Cómo comunicas tus valores a tus hijos y tus otros herederos?

Un sábado por la mañana, iba en mi automóvil con mi hija Bella, que en ese momento tenía siete años, para ayudar a mi hermana a mudarse a su nuevo consultorio. Ella es psicóloga y acababa de abrir su propio consultorio privado. Toda nuestra familia se había maravillado por cuánto había trabajado durante sus estudios y su carrera para llegar a este punto. Abrir un consultorio era algo realmente importante para ella y para toda nuestra familia.

Mientras manejaba, le expliqué a Bella qué es lo que íbamos a hacer ese día. —Vamos a ayudar a la Tía Patty a preparar su consultorio. Vamos a ayudarla a decorar y a acomodar algunas cosas. Cuando lleguemos, quiero que le digas que estás muy orgullosa de ella.

—Bien, eso haré —dijo.

—¿No estás orgullosa de ella? —le pregunté.

Se detuvo a pensar un momento y luego dijo algo que me sorprendió: —Mamá, tu hiciste lo mismo. Y estoy orgullosa de las dos.

Parpadeé, sin entender qué quería decir. —¿Lo hice? ¿Cómo?

—Te convertiste en socia de tu firma. Y estoy orgullosa de ti.

Me tomó unos minutos entender realmente lo que había dicho. Desde mi perspectiva, sí, me había convertido en socia de mi firma, pero eso no me parecía lo mismo que empezar tu propio negocio de cero, como mi hermana. Después de pensarlo más, me di cuenta de que Bella tenía razón. Era lo mismo: un logro extraordinario.

—Tienes razón, mamá también lo hizo —dije—. Y tengo mucha suerte de haber llegado a donde estoy hoy.

—No, mamá —dijo—. No fue suerte. Trabajas mucho. Ayudas a tantas familias para que no tengan que preocuparse. Estamos muy orgullosos de ti también.

Intenté con todas mis fuerzas no llorar en el automóvil, porque tenía razón. Hizo falta que mi hija de siete años lo declarara para que yo reflexionara sobre lo que logré y para ver cómo lo que yo hacía significaba algo para la siguiente generación de nuestra familia.

Muchas mujeres que conozco, y me incluyo, tienden a atribuir su éxito a la suerte. "Bueno, tuve suerte. Sencillamente funcionó" decimos, pero ¿fue solo suerte que mi firma seleccionara mi currículum y me llamara? ¿Que funcionara y obtuviera el empleo? ¿Que me hayan ascendido a socia?

La palabra "suerte" degrada nuestros logros cuando en realidad es el trabajo duro y la dedicación lo que convirtió una oportunidad afortunada en un logro. No explicar toda la historia tampoco permite que la siguiente generación te conozca a ti y todo lo que has hecho para llegar a donde estás en tu vida. Lo único que puede lograr esto son conversaciones intencionales. Comunica con un propósito y, quizás, tus herederos te comprenderán mejor a ti y a tu patrimonio.

—Tienes razón nuevamente, Bella —dije sonriendo—. Quizás tenga suerte, pero definitivamente trabajé muchísimo.

Bella me ayudó a recordar cuánta intención debo poner al comunicar mi progreso y mis prioridades a mi familia.

¿La siguiente generación comprende el trabajo que has hecho? ¿La vida que has construido? ¿Les compartes tus luchas e historias? ¿Les comunicas tus prioridades?

Al crear un plan de caudal hereditario, es fácil discutir únicamente la mecánica de la transferencia de patrimonio. Las frías cantidades de dólares, las anónimas cuentas, los insignificantes activos.

¿Qué hay acerca de las historias detrás de ese patrimonio?

Cuando tu familia comprenda el trabajo y los valores que mantuviste para obtener éxito, tendrá una mejor comprensión del origen de su patrimonio. Comprender un origen ayuda a los herederos a determinar qué es lo mejor para el futuro del patrimonio.

En otras palabras, comunícate con la siguiente generación. Es un deber.

Hemos visto demasiados casos en los que la siguiente generación, debido a una falta de comprensión, hereda un legado que se convierte en una carga o desencadena una pelea. Eso no es necesario.

Aunque muchas familias tienen a sus posiciones de legado bien establecidas en su plan de caudal hereditario, la mayoría no habla en profundidad acerca de su historia. Frente a la falta de comunicación, los padres pueden no comprender el panorama financiero de sus hijos adultos y, por lo tanto, qué activos de legado serían problemáticos y cuáles no. Puede que no estén al tanto de ningún objetivo de sus hijos. Por ejemplo, si un heredero planea mudarse para perseguir una nueva oportunidad profesional quizás prefiera vender un activo de bien inmobiliario local en vez de mantenerlo.

Es esencial mantener una comunicación honesta acerca de los objetivos y planes, tanto con las generaciones futuras como con los genearcas. Planificar de antemano y saltearse generaciones, cuando es en pos del bienestar de la familia, puede ayudar a reducir los riesgos impositivos. Esto ayuda, por ejemplo, a evitar que una herencia termine en un caudal hereditario que ya alcanzó el umbral impositivo máximo de su estado.

Cuando hablas de ese tipo de activos de legado, puedes vislumbrar cualquier preocupación o plan que pueden sentir ambas generaciones, pero que aún no han compartido o sobre lo que aún no han acordado. No te imaginas el alivio que representa que todas las partes estén involucradas cuando comienzas a explicar el proceso de transferencia de patrimonio.

Gracias a nuestra relación multigeneracional con muchas de las familias a quienes servimos, podemos ayudar a asesorar a los padres respecto de por qué necesitan comunicar sus intenciones de legado eficazmente a través de tener en claro el panorama financiero de sus hijos y cómo crear un plan que tenga en cuenta todas las dinámicas familiares. Una vez que toda la familia se comunica con claridad, las soluciones para la transferencia de patrimonio y su impacto en todas las partes involucradas se vuelven más obvias. Sin la comunicación correcta entre generaciones, resolver estos problemas puede ser un desafío adicional.

Volvamos al ejemplo de la casa del lago de los Archer. Una vez que definimos un plan con los genearcas, mantuvimos una conversación multigeneracional.

Cuando hablamos sobre lo que pasaría cuando se transfiriera la propiedad, informamos a los herederos que recibirían la casa del lago, pero que no deberían preocuparse por cubrir el costo de mantenimiento o las reparaciones. Les contamos que sus padres habían decidido establecer un fideicomiso de respaldo que se utilizaría para el mantenimiento de la propiedad.

Luego, les explicamos a los cuatro hijos el estado financiero de la propiedad. Esto incluyó los gastos impositivos y regulares, como el cuidado del césped y los servicios públicos. También incluimos otros gastos anuales que son fáciles de olvidar, como mantener el bote en el puerto todo el año y los arreglos generales, porque eventualmente deberían arreglar el techo. Estos costos a corto y largo plazo pueden parecer dentro de todo poco relevantes, problemas que los herederos podrían solucionar cuando se presentaran, pero durante el transcurso de diez o veinte años todos estos artículos hacen a una suma cuantiosa.

El solo hecho de planificar cómo cubrir esos costos estableciendo un fideicomiso de respaldo y documentando el plan adecuadamente ayudó a establecer el legado de los Archer durante los próximos años.

Luego, comunicar las intenciones de una generación a la siguiente ayudó a cementar el legado, preservando algo que puede perdurar en el tiempo.

Para los herederos fue un gran alivio comprender los detalles y no tener que estar en la duda o preocuparse. Todos los potenciales conflictos y peleas que podrían haber ocurrido en el futuro desaparecieron después de esa conversación.

El hermano más acaudalado ya no debía preocuparse por cubrir esos gastos, y aquellos con menos recursos se relajaron sabiendo que no estaban aceptando algo que no podían mantener.

Ahora que hemos explicado el rol de la comunicación para preservar el legado, hablemos sobre dos vehículos financieros que utilizan muchas familias para lograr sus objetivos: fideicomisos de respaldo, que pueden ayudar a preservar activos como los hogares, y patrocinios.

PRESERVAR LOS ACTIVOS DE LEGADO CON UN FIDEICOMISO DE RESPALDO

Fue un gran alivio para las generaciones más jóvenes de la familia Archer saber que la casa del lago permanecería con la familia y se mantendría con un fideicomiso de respaldo.

Como puede que ya lo hayas adivinado, un fideicomiso de respaldo permite que tus herederos, como fiduciarios, cubran los costos administrativos de una propiedad, pagando su mantenimiento e impuestos con dinero del fideicomiso que se utiliza exclusivamente para la propiedad.

Un fideicomiso de respaldo es útil para todas las partes involucradas. Permite al fiduciante asegurarse de que una parte del legado perdure más allá de su vida, ya que los activos del fideicomiso de respaldo pueden pagar por todos los costos y sus reglas pueden asegurar que la propiedad permanecerá en la familia.

También permite a los fiduciarios disfrutar de un activo de legado sin preocuparse por los gastos de su mantenimiento. De esta forma, un activo de legado, como una casa, puede ser compartido sin los conflictos y las cargas que pueden derivarse de la responsabilidad financiera.

Tan pronto como los genearcas Archer vieron cuánto significaba la casa del lago, no solo para sus hijos, sino también para sus nietos, establecieron un fideicomiso de respaldo para la propiedad. Antes de morir, le explicaron a sus fiduciarios (sus hijos) por qué lo habían establecido y cómo funcionaría para preservar tanto la propiedad como la armonía familiar.

Hoy en día, los genearcas han fallecido. Las siguientes generaciones aún disfrutan de la casa del lago. Están profundamente agradecidos por no haber tenido que venderla y de tener un plan que permita que todos la disfruten de forma equitativa. Sigue siendo un lugar de retiro familiar, para todos los tiempos felices y desafiantes por venir.

EMPODERAR A LA SIGUIENTE GENERACIÓN: EL PATROCINIO DENTRO DE LA FAMILIA

¿Cómo puedes pasar tu legado mientras estás vivo?

Muchas familias han descubierto que pueden patrocinar a la siguiente generación de forma que les ayude a fortalecer los valores, sin los riesgos inherentes de recibir una gran suma de dinero.

¿Qué sucede si quieres darle a un nieto $150.000 en aproximadamente una década, cuando anticipas que estará formando su propia familia? Quizás, si recibiera el dinero de la nada un día, no podría utilizarlo. Hemos visto casos en donde el dinero otorgado de esa forma desaparece en cuestión de semanas.

Sin embargo, ¿qué sucede si repartes ese dinero en cuotas anuales de $15.000 comenzando este año?

Patrocinios anuales más pequeños permiten que los nietos construyan poco a poco su patrimonio y puede ayudarlos a comprender la responsabilidad y la oportunidad que representa el dinero que les estás otorgando. Les permite ver lo bueno y lo malo que puede traer el dinero inesperado y hacerlo con una cantidad de dinero menor, en vez de arriesgarlo todo. Si nunca aprendiste cómo manejar $15.000, ¿cómo podrás manejar $150.000? ¿O $3 millones?

Si nunca aprendiste cómo manejar $15.000, ¿cómo podrás manejar $150.000?

Cuando pensamos en la palabra legado, pensamos en transferir algo que sea de beneficio para las siguientes generaciones: activos, valores, creencias y sabiduría.

Patrocinar hoy puede ayudarte a preparar a tus herederos para recibir y administrar su herencia. Te permite darles activos reales ahora, junto con la sabiduría y los valores que la familia ha atesorado por generaciones.

A algunas personas les gusta patrocinar porque es algo que sus padres o abuelos hicieron por ellos y quieren continuar con el legado. Algunos lo hacen por los motivos opuestos: porque es algo que sus padres y abuelos *no* hicieron y ellos siempre quisieron hacerlo por sus hijos y nietos.

Uno de los consejos más importantes que nos gusta dar, ya sea a personas que comienzan a invertir o que anticipan recibir una herencia, es salir y perder dinero. Suena ilógico, pero no lo es. Cuando decimos que salgas y pierdas dinero no queremos decir que literalmente lo pierdas. Queremos que los hijos experimenten. Todos sabemos que cometer errores nos permite aprender y, en consecuencia, adaptarnos. Si tomas una mala decisión, pierdes un patrocinio de $15.000 y aprendes, es mucho mejor que cometer ese error con una herencia de $3 millones.

Para ayudar a que las generaciones más jóvenes se beneficien de tu sabiduría y experiencia, debes evitar tener conversaciones de último minuto, cuando quizás sea demasiado tarde. Busca pasar tu legado mientras todavía vives. Hemos visto el éxito que tienen las transferencias grandes de legado y caudal hereditario cuando las generaciones más grandes preparan intencionalmente a las más jóvenes, especialmente cuando realizan patrocinios dentro de la familia.

Existen dos tipos principales de patrocinio: *familiar* y *benéfico*.

El patrocinio familiar te permite transferir parte del caudal hereditario a tus personas queridas y hacerlo transmitiendo los valores y la comunicación acerca de lo que estás transfiriendo. Por otro lado, el patrocinio benéfico, te permite crear un legado positivo por fuera de tu familia al apoyar causas y comunidades y mostrar a tus herederos la importancia de pagarlo. Nos adentraremos en el patrocinio benéfico en el capítulo 7, así que aquí profundicemos en el patrocinio familiar.

PATROCINIO FAMILIAR

Imagínate darle $10.000 como patrocinio a tu nieto de edad universitaria. Algunas familias dudan de hacer tal regalo porque no quieren dar dinero desde el comienzo por miedo a que sus hijos o nietos lo gasten en algo frívolo. Ahora, imagínate que este patrocinio sea parte de tu legado, otorgado con un mensaje significativo acerca de tus esperanzas e intenciones para el dinero y para el futuro de tu heredero.

Con un poco de intención y comunicación, quizás usen el dinero de forma responsable. Hemos visto que muchos abuelos y nietos se vuelven más cercanos a medida que hablan acerca de cómo utilizar los fondos para lograr un objetivo de su vida. También hemos visto que los abuelos realizan patrocinios anuales y los nietos que los reciben se vuelven más responsables a medida que pasa el tiempo.

Los patrocinios pueden convertirse en una tradición divertida, una forma de que las generaciones generen un vínculo. Pueden ser un medio para fomentar una relación más fuerte. Esos patrocinios se convierten en parte de las conversaciones, una oportunidad para transmitir historias, valores y sabiduría. Muchas personas ven a los patrocinios como una excusa para encontrarse y hablar más a menudo, sumando honestidad y comunicación a su relación. Cuando se fomenta la comunicación mediante patrocinios más pequeños, prepara el camino para una mejor administración de beneficios más grandes. Entonces, cuando llega el día y los nietos se convierten en herederos, manejan esos beneficios con la misma responsabilidad que aprendieron gracias a esos patrocinios anuales.

LA PERSPECTIVA DE JR: EL BENEFICIO IMPOSITIVO AGREGADO DE LOS PATROCINIOS A LO LARGO DE LA VIDA

Los patrocinios se pueden realizar de diversas formas. Puedes escribir un cheque directamente para el beneficiario o depositar el dinero en un fideicomiso para beneficio de esa persona. Debes tomar esta decisión cuidadosamente para asegurarte de que el patrocinio sea beneficioso para tu situación impositiva en particular.

Por ejemplo, a menudo recomendamos a los clientes que realicen patrocinios a fideicomisos en vez de a los destinatarios directamente, ya que es posible que los genearcas se sientan más cómodos si el fideicomiso es custodio de los fondos en vez de beneficiarios jóvenes. Establecer un "fideicomiso otorgante" te permite mantener determinado poder legal sobre el fideicomiso y pagar los impuestos al ingreso que apliquen. Además, el fideicomiso puede recibir dinero adicional por fuera del caudal hereditario libre de impuestos y evitar una declaración de impuestos individual por el fideicomiso. Si aprovechas los sencillos patrocinios de exclusión anual libres de impuestos a lo largo de los años, los fondos pueden crecer sustancialmente fuera de tu caudal hereditario gravable, proporcionado una transferencia de caudal hereditario sustanciosa en el largo plazo.

Puedes hacer que el fideicomiso sea parte de las conversaciones con las generaciones más jóvenes cada año cuando hagas el patrocinio anual. Puedes discutir cómo se realizan las inversiones y cómo, aunque haya comenzado con una pequeña cantidad, gracias al patrocinio a lo largo de los años, esa cantidad puede crecer a unos cuantos cientos de miles de dólares en el fideicomiso.

Lo más probable es que los herederos estén mejor preparados para manejar adecuadamente el nivel de caudal hereditario y continuar con tu legado.

UN EJEMPLO ADMONITORIO: EL OBITUARIO DESGARRADOR

Los Archer se aseguraron de que su legado quedara claro, pero ese no es siempre el caso. Tuvimos un cliente que nos contó la sorpresa que se llevó al leer el obituario de un muy querido amigo. Lo había conocido por décadas y pensaba que era una persona extraordinaria con muchos logros en su haber. No podía creer que su obituario no mencionara ninguna de ellas.

"Este no es su legado. Esto no es lo que él era" dijo, sacudiendo su cabeza.

Un tiempo después descubrió el obituario había sido escrito por los hijos ya adultos, como suele ser el caso. Entonces, ¿por qué no mencionaron todos sus logros notables? Nuestro cliente se sorprendió al enterarse de que no fue una omisión por error o con malas intenciones, sencillamente los hijos no tenían idea de lo que su amigo había logrado en el transcurso de su vida.

Los hijos vivían en otros estados, solo veían a su padre durante las fiestas y raramente discutían su trabajo. El obituario mostraba cuánto conocían realmente a su padre, y resultó ser que no era mucho.

Deseando evitar que el legado de su amigo desapareciera para siempre, nuestro cliente se reunió con los hijos de su amigo y les contó sobre los momentos destacables de su padre. Les compartió cuán admirado, respetado y cuánto logró su padre dentro de su comunidad. Les compartió todo lo que tenía, todo lo que hizo, todas las personas para quienes fue importante.

Los hijos estaban agradecidos, pero también tristes. Hizo falta un amigo de su padre para que les contaran esto y hubiera significado tanto más si hubiera venido de su padre.

A su vez, este fue un momento de iluminación para nuestro

cliente: se dio cuenta de que tenía que asegurar su propio legado con su hijo. Pensó: *algún día moriré y tendré un obituario como este si no hago algo al respecto.*

Es triste pensar que su amigo ya no está. No compartió su legado, como suele ser el caso. Podrías ser la mejor persona del mundo, pero si ni tus propios hijos lo saben, ¿de qué vale eso?

En el capítulo 7, te mostraremos cómo puedes liderar a tu familia para establecer un legado duradero. Comienza compartiendo aquellas historias que son más significativas para ti antes de que sea demasiado tarde.

CAPÍTULO 6 LECCIONES APRENDIDAS

- **La palabra legado** se refiere a las cosas, personas y causas que perduran en beneficio de los demás, incluso después de que ya no estés.

- Ignorar la planificación de legado puede resultar en **algunos riesgos evitables**, incluidos:

  - conflictos entre tus familiares y herederos,

  - cargas impositivas y de mantenimiento, y

  - pérdida de historias y recuerdos.

- **Realizar patrocinios familiares** en vida puede ayudar a fomentar y empoderar los tipos de custodia de patrimonio que deseas inspirar en las generaciones venideras. Considera implementar un proceso de patrocinio anual que incluya pequeñas cuotas anuales, como $15.000, la cantidad de dinero que puedes dar en calidad de patrocinio a una persona en particular durante cualquier año sin necesidad de pagar un impuesto al patrocinio.[5] Los patrocinios anuales más pequeños (por ejemplo, a nietos) pueden ayudarles a comprender la responsabilidad y las oportunidades que proporciona el dinero.

---

5   "Frequently Asked Questions on Gift Taxes," IRS, https://www.irs.gov/businesses/small-businesses-self-employed/frequently-asked-questions-on-gift-taxes#3.

CAPÍTULO 7

DEJAR UN LEGADO DURADERO

En el capítulo 7, JR retoma la historia del patriarca de la familia Daniels, que nunca contó a sus hijos la historia de su adversidad, en detrimento del legado de su propia familia. JR nos muestra cómo comunicar tu narrativa y usar al patrocinio benéfico para unir a tu familia. JR resalta que un legado solo durará si se inculca y comunica intencionalmente y concluye con dos historias de legado familiar: la suya y la de los Archer.

H ace poco, nos reunimos un viernes por la tarde con el patriarca Daniels en su hermoso hogar en el centro de Chicago. Aunque ha sido un preciado cliente durante más de tres décadas, nunca nos contó acerca de su vida. Eso cambió durante el transcurso de esta reunión, cuando la hora programada se convirtió en tres horas mientras compartía un poco de su extraordinaria historia de adversidad y posterior éxito. Y guardó su revelación más desgarradora para el final.

Al ser un niño judío creciendo en un barrio mayormente no judío, fue maltratado por los otros niños. El hostigamiento y las golpizas resultaron en una mano rota que nunca se curó correctamente y en una serie de enfermedades nerviosas, como problemas estomacales y ansiedad, que los doctores de la época tuvieron problemas para tratar.

Este tipo de adversidad hubiera sido demasiado para otras personas, pero no para quien pronto sería el Dr. Daniels. Se volcó a sus estudios y su carrera, trabajando más que cualquier conocido suyo para obtener una mejor vida.

Su inquebrantable perseverancia rindió frutos, ya que se convirtió en un respetado y exitoso oftalmólogo. Incluso fue responsable de varios avances en procedimientos y dispositivos importantes para su campo; y ganó una pequeña fortuna en el proceso.

Nos contó que, a pesar de su éxito durante su adultez, el hostigamiento, las golpizas y la discriminación religiosa que soportó cuando era niño continuaban atormentándolo. Sin importar cuánto se volcara a su trabajo o cuán respetado y exitoso se volviera, todavía le costaba resolver la adversidad de su juventud.

Mientras nos contaba todo lo que había atravesado, a Vanessa y a mí nos fue imposible no emocionarnos: estaba claro que había tenido una gran cantidad de dolor en su vida y había mantenido esta carga escondida durante mucho tiempo.

—¿Alguna vez le has contado estas historias a tus hijos? —le preguntamos finalmente.

Él negó con la cabeza. —No —dijo—, no quiero que sientan lástima por mí.

—No van a sentir lástima por ti; eres su padre —dije—. Estas son cosas que puedes compartir con ellos para que comprendan cuán difícil fue para ti llegar a donde estás hoy.

Ya cerca de los noventa años, sentado en su gran y elegante hogar en la ciudad, para sus hijos el Dr. Daniels parecía un hombre que se levantaba a las seis de la mañana todos los días, trabajaba duro, se iba a dormir y se convirtió en alguien exitoso con el pasar de los años. No sabrían que, por sobre todo eso, su padre también había sido tratado horriblemente en la escuela y en su barrio debido a su religión y sus creencias, que pasó la mitad de su niñez haciendo la tarea en el hospital, que los efectos de ese abuso perduraron a lo largo de su adultez. Se perdería la historia de su lucha para sobreponerse a su pasado mientras se dedicaba a obtener un mejor futuro.

Pensamos que era importante compartir estas historias para que sus hijos comprendieran cuánto había superado su padre para darles la vida que les dio. Los hijos deberían tener la oportunidad de apreciar de dónde viene el dinero y la lucha y perseverancia que fueron necesarias para alcanzar esa posición. Deberían saber que no cayó de la nada en las manos de mamá y papá.

Nuestra conversación de tres horas fue la primera de muchas en las que Vanessa y yo le repetimos al Dr. Daniels cuán importante eran sus historias para transmitir su legado. A lo largo de nuestras charlas, le comentamos lo difícil que sería ver cómo se llevaba estas historias a su tumba, sin compartirlas nunca.

Así que le sugerimos que escribiera un libro (no este libro, por supuesto, sino el suyo propio), uno en el que pudiera compartir sus historias personales con sus hijos. Eligió tomar este camino. Aceptó documentar sus experiencias, contando, al fin, su vida a su familia, creando una reliquia familiar que se podría pasar de generación en generación.

La idea del libro se nos ocurrió por primera vez hace unos años, cuando Gene, el fundador ya fallecido de nuestra firma, se retiró de su posición de tiempo completo. En la búsqueda de poder documentar su legado, descubrimos un par de opciones para compartir sus experiencias mediante videos o libros. Desde entonces, lo hemos usado con otros clientes ayudándolos a transmitir sus historias y valores a la siguiente generación.

Es una idea fuera de lo común que la mayoría de las firmas de asesoramiento financiero no sugieren, ni mucho menos consideran. Sin embargo, descubrimos que ayuda a cementar nuestra planificación de legado familiar. Si estás dejando un patrimonio, hay mucho más para procesar que la mera transferencia de dinero. Piensa en cuánta sabiduría, amor y luchas te tomó crearlo. Para que estos valores continúen con la siguiente generación, es igualmente importante que les compartas tus experiencias y sabiduría. Un libro es un vehículo práctico para hacerlo.

El Dr. Daniels escribió el libro y está agradecido de haberlo hecho. Sin embargo, cuando terminó el borrador se sentía inseguro de si iba a entregarlo a su familia mientras estaba vivo o si quería que lo leyeran después de que falleciera. Después de pensarlo, decidió compartir su historia ahora para que su legado perdure. La siguiente generación serán mejores protectores de su patrimonio al haber escuchado de primera mano las historias detrás.

Aunque Vanessa y yo somos fervientes defensores de que todas las generaciones participen de una comunicación intencional, es imperativo que las generaciones mayores compartan su legado con sus sucesores.

Un legado, cuando se lo transmite en conjunto con el caudal hereditario financiero, ayuda a evitar riesgos a los valores familiares.

Continuamos administrando el patrimonio heredado por muchos hijos y nietos mucho tiempo después de que sus padres hayan fallecido. Un día, Vanessa y yo visitamos al hijo de un cliente que había fallecido recientemente. Nos invitó a su hogar, nos presentó a su familia y nos compartió los detalles de un negocio que había comenzado a desarrollar desde que fallecieron sus padres.

Entre las risas de sus nietos y el calor de su hogar, vimos su éxito reflejado en su dichosa vida familiar y en su negocio reciente, que demostraba una previsión y responsabilidad impecables.

Al haber conocido a sus padres, sabíamos que hubieran estado encantados con lo que estábamos observando.

—Sabes, tus padres estarían muy orgullosos de ti —le dijimos.

Su respuesta nos complació: —Lo sé —dijo, y continuó contándonos una historia sobre sus padres.

¿No es extraordinario? El legado de sus padres vivía en su memoria y continuaría en la memoria de sus nietos y más allá. Habían traspasado exitosamente un legado positivo y criado hijos que los recordarían por todos los motivos correctos.

Mientras más experiencia ganó nuestra firma con múltiples generaciones de una familia, más hemos confirmado lo importante que es preservar el patrimonio incorporando el legado familiar a nuestra planificación financiera.

Cuando comenzamos a trabajar por primera vez con familias, nos enfocamos principalmente en responder a sus objetivos financieros. No obstante, con el tiempo nos hemos convertido en una parte de esas redes, hemos construido relaciones de largo plazo. En muchos casos nos sentimos como si también fuéramos parte de la familia. Escuchamos sus historias y sus situaciones, buenas y malas. Comprendemos en profundidad las dinámicas de cada familia y hemos aprendido formas en las que podemos ofrecerles una guía acorde a la situación.

Todos dejaremos esta tierra algún día. Estamos agradecidos de poder ayudar a quienes toman las decisiones en una familia a pensar sus opciones para que estén en la mejor posición para transmitir su historia, su legado y la oportunidad de obtener una armonía familiar duradera.

La realidad es que todas las familias se enfrentarán a situaciones estresantes y períodos difíciles. Si estos se comparten con la siguiente generación, la adversidad se convierte en sabiduría. Hemos visto incontables veces cuán agradecida está la siguiente generación de escuchar la verdad y cuánto respeto tienen por todas las experiencias de sus seres amados.

Ya sea que escribas un libro, grabes un video o sencillamente reúnas a la familia para una conversación o serie de reuniones para transmitir intencionalmente las historias familiares, el efecto es el mismo. Es duradero y positivo. No te imaginas cómo este sencillo acto puede restaurar y asegurar la armonía y, de la misma forma, preservar el patrimonio de tu familia.

A lo largo del libro, hemos definido el enfoque tradicional a la planificación financiera y la administración del caudal hereditario. Aquí redefinimos el legado.

Muchos piensan que el legado se trata de uno mismo, de querer transmitir su propia historia para perdurar. La verdad es que un legado *siempre* se trata de la siguiente generación.

Tu legado se trata de asegurarte de transmitir tu amor a ellos. Se trata de darles la mejor oportunidad posible frente a la vida. No se trata solo de vivir en sus recuerdos, aunque posiblemente así suceda, se trata también de darles la oportunidad de tener un futuro más sólido compartiendo lo bueno y lo malo, la sabiduría y los valores detrás del patrimonio. Eso es verdaderamente invaluable.

CÓMO CONSTRUÍ EL
LEGADO DE MI FAMILIA

Mi tercer hijo, Rory, nació con una afección del corazón. Con solo tres meses de vida, fue sometido a un procedimiento para corregirlo. Durante todo este proceso me sentí desamparado.

Nunca olvidaré lo que se sintió tener que poner a mi hijo en las manos de los profesionales médicos, deseando con toda mi alma un resultado positivo.

Afortunadamente, el procedimiento fue un éxito. Hoy en día, Rory tiene casi cinco años y cada día que pasa es un recordatorio de todo lo que superó tan temprano en su vida.

Sin embargo, en el medio de todo eso conocí a muchas otras familias que se sintieron como yo: desamparadas. La gravedad de las afecciones de sus hijos dictaba mucho de sus vidas. Muchos padres no podían trabajar, pasaban la mayoría de sus días al lado de la cama de sus hijos.

Veían cómo los honorarios médicos se seguían apilando. Y, a menudo, como resultado, no tenían la flexibilidad financiera para proporcionar a sus hijos el tipo de experiencias que les hubieran querido ofrecer durante la temporada de fiestas.

Con eso en mente, mi familia participa en un evento de caridad todos los años durante las fiestas. Compramos regalos para las familias que tienen un hijo luchando contra una afección del corazón y que, como resultado, no tienen los fondos adicionales para gastar en las celebraciones.

Al comienzo, mis hijos tenían muchas preguntas. Querían saber por qué comprábamos regalos para personas que no conocíamos. Les expliqué todo lo que pasamos y lo que estaban experimentando estas otras familias. Les dije que éramos afortunados de tener la oportunidad de ayudarles durante un momento tan difícil.

Ahora, se entusiasman al elegir regalos cada año. Comprenden que tienen la oportunidad de ayudar a otra familia que no es tan afortunada como lo fuimos nosotros. Comprenden lo poderoso que es poder ayudar a otros que han pasado por una situación similar. Hacer esto se ha convertido en parte de nuestro legado familiar.

¿TUS HIJOS CONOCEN TU HISTORIA?

¿Tus hijos conocen tu historia? ¿Saben cuánto has luchado? Lo mismo corre para las historias de tus padres. ¿Conoces los detalles más profundos de sus desafíos personales? ¿Sabes qué cosas atravesaron para llegar donde están hoy?

Puede que hayas vivido con tus padres y/o hijos gran parte de tu vida, pero eso no significa que conozcas sus caminos personales o profesionales, sus alegrías y sus penas.

Si lo que buscas es transmitir valores y patrimonio, pero no compartes las historias detrás de ellos, no van a transmitirse por completo. La siguiente generación puede entender el mensaje como que algo se les está imponiendo o puede no entender la relación entre una cosa y otra.

Sin embargo, si tus herederos pueden ver cómo los valores y el patrimonio son parte de la historia familiar y sus historias, esto ayuda a explicar partes de sus vidas de las que quizás no se hubieran enterado de otra manera. Cuando compartimos las historias, los herederos pueden apreciar y entender mejor esos valores y ese patrimonio.

En las familias trabajadores, encontramos que hay varias maneras productivas de transmitir el legado familiar:

- Contar tu historia,
- explorar el patrocinio benéfico,
- conectar a las distintas generaciones.

CONTAR TU HISTORIA

El tema de la muerte y la planificación para el fin de la vida puede ser difícil, ya que puede generar mucho miedo y dolor. Pensar acerca de compartir tu legado a menudo puede suscitar emociones y mecanismos de evasión para esquivar cualquier situación o sentimiento incómodos que surgen de una percibida falta de control. ¡Ahí está el punto!

Mientras estamos vivos, todavía tenemos control sobre lo que queremos que sea nuestra narrativa; sobre lo que queremos que sea nuestro recuerdo perdurable, lo que queremos transmitir a las generaciones futuras para que no pierdan de vista cómo llegaron a donde están y quienes fueron las personas que los llevaron allí: nosotros controlamos eso.

En vida, tenemos la oportunidad de dar forma a nuestra narrativa y a nuestro legado para nuestros hijos, los hijos de nuestros hijos y los que vengan después. Durante las festividades o las celebraciones familiares, cuando se encuentren con una vieja foto o un recuerdo surja en su memoria en un martes cualquiera, nuestros seres queridos hablarán de nosotros cuando ya no estemos. Entonces, ¿por qué no contarles *toda* nuestra historia? ¿Las partes que conocen y las que no?

LA PERSPECTIVA DE VANESSA: TRANSMITIR EL LEGADO Y LOS VALORES

¿Cómo se transmiten el legado y los valores? ¿Simplemente le decimos a nuestros hijos que sean honestos y sean personas íntegras o debemos mostrarles cómo serlo? Creo que se trata de ambos: no puedes solo esperar que escuchen lo que dices o que observen cuando te comportas de una manera que refleja tus valores.

Estoy de acuerdo con el dicho: "un legado se asimila, no se enseña", pero creo que también existe un espacio para la enseñanza. Vivimos y aprendemos, pero en algunos casos, lo que experimentamos no es exactamente lo que debemos aprender. Comprendo que esto suena un poco existencialista, así que permíteme explicarlo con otra historia personal.

En la industria financiera, se deben aprobar muchos exámenes para poder ejercer como asesor en cualquier estado en particular. Una noche me encontraba estudiando en la mesa del comedor, con mis libros y papeles esparcidos sobre la mesa, intentando concentrarme lo mejor posible en el examen de práctica que tenía frente a mí. En ese momento, mi hija se acercó y dibujó un arcoíris encima de uno de mis exámenes.

Estaba exhausta, hambrienta y más que un poco frustrada. —Deja de tocar mis cosas —le dije y me dirigí a otra área de la casa para continuar estudiando.

No me detuve a pensar en esa interacción, pero al día siguiente, mientras volvía a repasar mis exámenes de práctica, me encontré con el arcoíris. Sonreí. Estaba intentando demostrar su apoyo de la mejor forma que sabía. En ese momento yo la alejé y no debí hacerlo.

Puede que haya parecido insignificante, pero esos intercambios pueden significar mucho para una niña. Sabía que tenía el potencial de mostrarle no sólo todas las dificultades que pasé para construir mi carrera sino también de demostrarle que ella era uno de los motivos por los que seguía.

La cuestión es que es nuestra familia la que contará su versión de nuestra historia. Nuestros hijos recordarán un momento como este de la forma en la que lo experimentaron. La única forma de poder cambiar esto es si establecemos intencionalmente un objetivo para compartir en forma íntima nuestras experiencias y perspectivas.

Comencemos por identificar y superar nuestras barreras para compartir nuestras historias y narrativas personales con nuestros seres queridos. Que esto sea el cimiento de nuestro legado.

Existen dos factores que pueden ayudarnos a compartir nuestro legado: la responsabilidad y el ritual.

- **Responsabilidad:** Diles a tus seres queridos que te gustaría poner una fecha y hora para compartir tu perspectiva sobre ti mismo y tu camino. Diles que te cuesta no evitar esto y que necesitas su apoyo y que te hagan rendir cuentas para que efectivamente te sientes y lo hagas. Dar inicio a la conversación crea una sensación de responsabilidad entre las partes, sensación que aumenta la probabilidad de cumplir con tu objetivo.

- **Ritual:** Crea un ritual o tradición alrededor del hecho de compartir tu historia. Quizás puedas programar una serie de cenas durante las cuales puedes compartir una parte significativa de tu historia con las personas que amas. Esto crearía la oportunidad de participación, a la vez que dejas espacio para construir nuevas memorias y establecer una tradición para compartir historias, de forma muy similar a como lo hicieron nuestros ancestros.

EXPLORAR EL PATROCINIO BENÉFICO

El legado es más que nuestras experiencias personales o profesionales. Es más que el caudal hereditario y la sabiduría que les dejas a tus herederos. A menudo, es la forma en la que interactuamos con el mundo.

EL LEGADO DE VANESSA

Mi madre era una de diez hijos que nacieron y se criaron en Guatemala. Al provenir de una familia poco afortunada, que algunos días no tenían suficiente comida para poner en la mesa, se dijo a sí misma que si alguna vez tenía los medios para devolverle a su comunidad, lo haría.

Cuando yo tenía diez años, mi familia voló a Guatemala a visitar el pueblo natal de mi madre, un pueblo pequeño. Armamos una enorme celebración solo para los niños del pueblo, unos cuatrocientos niños en total. Hubo payasos, pasteles, comida, juegos, música y mucho más, todo lo necesario para tener una gran fiesta.

Mis hermanas, Lesley y Patty, y yo estábamos a cargo de repartir la comida y luego pudimos ir a jugar con los niños. ¡Fue un gran día! Esos niños aún hoy llaman a mi madre "Tía Alicia". Nos consideran a mis hermanas y a mí como a sus primas.

Me gustaría pensar que este acto de bondad alentó a algunos de esos niños a mantener ese mismo ímpetu para ayudar a los demás. Definitivamente lo mantuvo en mí, y es muy importante para mí que mis hijas sientan lo mismo.

Este año, patrocino a una maestra en otro pequeño pueblo de Guatemala que les enseña a los niños a leer. Lograremos formalizar este proceso para años venideros y llevaré a mis hijas para que me ayuden con este proceso.

El éxito no se mide por cuánto caudal hereditario hayas creado o cuánto hayas logrado. Se trata de cuánto das de ti mismo para ayudar a otros.

¿Y si pudieras satisfacer tu deseo de respaldar causas dignas mientras que nutres el valor de dar responsablemente en tus hijos y nietos?

Este es un escenario que exploramos con muchos de los genearcas de nuestra familia. Digamos que quieres donar $100.000 a beneficencia. En vez de escribir un cheque y darlo por hecho, decides darle a tus hijos o nietos $20.000 a cada uno para que lo entreguen a una organización sin fines de lucro de su elección. Para asegurarte de que sus elecciones estén bien consideradas, puedes pedirles que te expliquen por qué la eligieron.

Con un poco de aliento, las siguientes generaciones perciben esto como la responsabilidad especial que realmente conlleva. Hemos tenido muchas familias que se unen gracias al patrocinio benéfico anual. Los nietos pasarán semanas explorando diversas organizaciones benéficas o desarrollar una conexión más profunda con alguna que les resulte particularmente especial. Significa mucho para las distintas generaciones sentarse y discutir por qué creen en una comunidad o una causa, y estas discusiones refuerzan el compromiso con ella.

La siguiente generación no siempre aprovecha esta oportunidad de inmediato. Al principio, muchos de los jóvenes posponen la responsabilidad. Llega diciembre, y finalmente se involucran. En este caso, la comunicación es tan importante como siempre y tendrá su rédito con el paso del tiempo. Mientras más hables con la próxima generación acerca de qué es importante para ellos y por qué, más probable será que crean en eso y se involucren con el valor derivado del proceso de patrocinio.

Hemos trabajado con muchas familias cuyos hijos y nietos no se involucraron activamente en el patrocinio durante los primeros años. Luego, a medida en que se convirtió en una tradición anual, comenzaron a adoptarla y a anhelarla. Hoy en día, la siguiente generación es extremadamente activa. Comprenden el significado del patrocinio benéfico y mantienen a esta experiencia como una de las mejores de su año.

Piensa en esta historia. Una familia separó una parte de su cartera para que sus hijos realizaran un patrocinio. Uno de sus hijos escogió una organización benéfica que trabaja para salvar animales. El patrocinio que haría el hijo salvaría la vida de una vaca. Los padres pensaron que era una elección poco usual. No estaban seguros de proporcionar un patrocinio a una organización que, aparentemente, tenía tan poco impacto sobre el mundo. No obstante, su hijo comenzó a explicar el fundamento de su elección. Como vegano, y al ser alguien que se preocupaba profundamente por los animales, quería hacer lo posible para proteger la vida de este animal.

Si has tenido buena fortuna y separaste una parte de tu caudal hereditario para ayudar a otros, ¿por qué no dividirlo e involucrar a la siguiente generación? Aunque no sea muy tradicional, es una oportunidad para descubrir nuevas causas y comunidades para amar y una oportunidad para transmitir valores a tus hijos y nietos. Hemos visto cómo este enfoque resulta en mucho éxito.

UNIR GENERACIONES: NO ESPERES PARA COMPARTIR

Dejar un legado duradero implica la comunicación continua e intencional para unir generaciones. Como mencionamos, no quieres esperar a tener un infarto y que sea demasiado tarde para compartir. Tampoco quieres esperar hasta estar en tu lecho de muerte con un pastor, un sacerdote o un rabino a tu lado, esperando que ellos les compartan tu historia a tus seres queridos. Es por eso que es tan importante compartir tus pensamientos y creencias acerca de lo que querrías que tu familia continúe transmitiendo como legado. El beneficio agregado es que te da a ti y a tu familia un propósito. Con un plan de legado, creas un camino para que tu familia siga y lo haces cultivando uniones generacionales.

¿Cómo puedes unir generaciones? Aunque puede que aprecies la oportunidad de ser el centro de atención, puede ser un desafío para los demás sentarse en una habitación a escuchar historia tras historia. Compartir cómo tus seres queridos encajan en tu historia, lo que hacían cuando sucedió algo en particular, les permite sentirse parte de tu historia.

Por ejemplo, si cuentas la historia de cuando estuviste en la guerra durante tres años y compartes situaciones difíciles o logros, no te olvides de incluir el hecho de que tu hija celebraba su cumpleaños en ese momento y que tener una fotografía de ella soplando las velas del pastel te hizo seguir adelante cuando solo querías rendirte.

> **Mientras más rápido comiences a hablar acerca de lo que es importante para ti y por qué, más probable es que tu legado perdure.**

No es lo más fácil del universo pensar acerca de tu legado cuando tienes treinta y cinco años o hablar acerca de un legado *con* un heredero de veinticinco años, sin importar tu edad. Sin embargo, mientras más rápido comiences a hablar acerca de lo que es importante para ti y por qué, más probable es que tu legado perdure.

Manifestar tu deseo de compartir tu historia personal y familiar con tu cónyuge, hijos y nietos es crítico para transmitir tu legado. Tu historia le agrega riqueza y textura a tu memoria y legado. Tu historia le agrega significado y valor emocional a las posesiones materiales que dejes para tus seres queridos.

De acuerdo con el psicólogo evolutivo Erik Erikson, al ser seres sociales, nos desarrollamos en etapas.[6] En cada etapa, luchamos con una "crisis" de desarrollo. Quizás la más relevante para nuestra discusión sobre el legado es la etapa siete. La etapa siete, generatividad contra estancamiento, sugiere que entre las edades de cuarenta y sesenta y cinco experimentamos un deseo de crear cosas que nos sobrevivan; esto se conoce como generatividad. Considerando que esta necesidad puede ser parte de nuestro desarrollo natural, ¿no deberíamos tomarnos el tiempo de comenzar a transmitir nuestro legado sin

6   Saul McLeod, "Erik Erikson's Stages of Psychosocial Development," Simply Psychology, 3 de mayo de 2018, https://www.simplypsychology.org/Erik-Erikson.html.

importar nuestra edad o la etapa de la vida en que nos encontremos?

Si pudiéramos dar un único consejo, sería este: conecta con las otras generaciones, aquellas que vinieron antes y las que vendrán después. Es tan simple como eso.

LA PERSPECTIVA DE VANESSA: UN POCO DE NUESTRA PROPIA MEDICINA

Mientras escribía este libro, un amigo me llamó y me preguntó: "Vanessa, ¿les has contado a tus hijas que estás escribiendo un libro?" ¡Y me di cuenta de que no lo había hecho!

Estaba tan enfocada en el proceso de escribirlo, *cómo* escribirlo, que no había compartido con mis hijas *por qué* lo estaba escribiendo.

Al no compartir por qué había decidido comenzar esta iniciativa, había caído en la misma trampa en la que vi caer a incontables personas antes. Por favor, comencemos a compartir estas cosas importantes mientras suceden. De esa forma, cuando compartes un recuerdo no es solo tuyo, es de toda la familia.

Nos estancamos en el día a día. Como resultado, no celebramos aquellos grandes momentos y eventos o las pequeñas cosas que son las más importantes para nosotros. Este libro es importante para mí. Por lo tanto, incluso a sus ocho y doce años, mis hijas deben comprender de qué trata este libro y lo que significa para mí escribirlo.

Puede que no precisen saber los detalles intrincados que lo componen, como la diferencia entre una IRA tradicional y una IRA Roth, pero sí necesitan comprender que mamá decidió compartir lo que hace porque intenta ayudar a otras familias. Debemos compartir nuestras historias importantes con aquellas personas que son importantes para nosotros.

Como adultos, debemos dar un paso atrás y recordar compartir para que, cuando nuestros hijos crezcan, comprendan lo que mamá hacía, en qué creía y por qué. Esto es lo que hace que nuestras intenciones y acciones sean significativas para la siguiente generación, pero no sucede solo. Así que me senté con mis hijas para tener una larga conversación, compartiendo con ellas por qué decidí escribir este libro.

UNA HISTORIA SOBRE LO IMPORTANTE: EL LEGADO DE JR

Si lo que buscas es dejar un legado duradero, primero debes considerar qué te apasiona. Todos vamos por la vida con la administración diaria de nuestras necesidades y responsabilidades ocupando el lugar primordial en nuestras mentes. No siempre es fácil descubrir nuestras pasiones. Sin embargo, cuando una experiencia poderosa nos deja vislumbrar una potencial fuerza motora, un motivo para ser, es mucho más fácil hacerle caso. Tu causa debe ser algo que realmente valores. En mi caso, no podría valorarla más.

Si algo les sucede a tus hijos no puedes más que sentir desesperación. No importa si son recién nacidos, tienen diez años, veinte o cincuenta. Nunca pierdes esa conexión con tus hijos.

Ya he contado que mi hijo nació con un problema en el corazón y que eso tuvo un impacto en nuestro legado familiar, pero me gustaría compartir un poco más sobre por qué esa experiencia fue tan poderosa. Nos enteramos del defecto inmediatamente después de que nació. Transportaron rápidamente a Rory desde los suburbios de Chicago hasta un hospital en el centro de la ciudad, donde se suponía que lo someterían a una cirugía del corazón a los pocos días. Resultó que su afección era muy rara. Para mejorar sus chances de éxito, tuvo que volver a casa por tres meses para juntar fuerzas antes del procedimiento.

Durante este período de transición, intenté superar mi sensación de desazón investigando su afección. Quería asegurarme de que lo estábamos manejando de la mejor forma y de que tenía el mejor cuidado posible. Logré obtener una segunda, una tercera y una cuarta opinión, y logré encontrar a un cirujano con la experiencia adecuada para su caso.

Al mismo tiempo, estábamos tranquilos de que nuestro hospital actual había identificado la opción de tratamiento correcta. Su recomendación fue que Rory se sometiera a una cirugía a los tres meses y a una segunda cuando tuviera cinco años. Así que, aunque había encontrado otro médico que podría emitir otra opinión, decidí cancelar la cita. Estaba desbordado por el estrés de tomar la decisión correcta.

Luego, el cirujano con el que había cancelado me llamó. —Sé que cancelaste nuestra cita —dijo—, pero por favor, me gustaría que vengas y escuches lo que tengo para decir. Vi un caso similar al de tu hijo hace aproximadamente un año. Por lo menos, ven a conversar y luego decide lo que es mejor.

Fuimos hacia allí y explicó su propuesta. Dijo: —Esto no se hace en dos cirugías, se hace en una. Puedo arreglar todo con una sola cirugía.

Fue difícil. Cuando te encuentras en medio de tomar una decisión, particularmente una tan importante como esta, es fácil cuestionarte a ti mismo.

Teníamos a uno de los mejores hospitales del país diciendo que se sentían confiados en hacerlo con dos cirugías. ¿Cómo podría alguien hacerlo en una? Sin embargo, en algún punto, luego de escuchar todas esas opiniones y sentir todas las emociones correspondientes imaginables, debes tomar una decisión.

Tan pronto como nos fuimos de la reunión, nos decidimos. Pusimos nuestra confianza en Dios y en este cirujano que recomendó una única cirugía integral para Rory.

Luego llegó el día de la cirugía. No existe nada como el estrés de haber estado sentado en ese hospital, esperando para escuchar el resultado. Nunca olvidaré el momento en que el cirujano salió de la sala de operaciones. Levantó sus pulgares. Nos embargó el alivio y experimentamos la mayor gratitud. Unida, nuestra familia pasó por una gran adversidad y, en el proceso, ganó una conexión profunda con familias que viven situaciones similares y con los profesionales médicos que les ayudan.

Hoy en día sé más acerca de las afecciones cardíacas que lo que querría, pero se ha convertido en mi gran privilegio utilizar este conocimiento y la pasión que desarrollé para ayudar. Hoy en día ayudamos a otras familias que, por razones fuera de su control, están atrapadas en el mismo tipo de incertidumbre.

Hay muchos padres allí afuera luchando por cuidar de hijos con afecciones cardíacas. Aproximadamente, uno de cada cien niños nace con una. Para algunas de ellas, los médicos tienen tratamientos bastante sencillos. Otras son tan raras que dejan mudos a los mejores profesionales médicos y someten a las familias a increíbles crisis.

Nuestra familia tomó la decisión de que esta sea nuestra causa de vida. Somos voluntarios en persona y apoyamos a familias de todo el mundo a través de nuestra participación en grupos de redes sociales. Hablamos en eventos benéficos para generar consciencia, donamos para respaldar la investigación cardíaca en niños y, por supuesto, compramos regalos para las familias que luchan a la hora de administrar el aspecto financiero de este tipo de afecciones durante cada temporada de fiestas. Existe una gran falta de información que deja a muchas familias luchando solas en la oscuridad. Tomamos con mucha seriedad nuestra responsabilidad de ser una luz de esperanza para tantas familias como nos sea posible.

Esto significa hablar con nuestra propia familia. Nuestros otros hijos pueden ver la cicatriz en el pecho de su hermano, así que hacen preguntas. Les explicamos con franqueza y honestidad lo que sucedió y por qué hoy en día damos tanto.

A medida que crecen, están comenzando a ver cómo dar a los demás ayuda a construir un legado positivo, cómo puede ayudar a otras familias que pasan por situaciones similares. Son muy jóvenes, pero tengo confianza en que crecerán sabiendo cómo manejar situaciones difíciles y cómo ayudar a otras personas a superarlas. Estoy orgulloso de que esto vaya a ser también parte de su legado.

EL PLAN Y LAS DECLARACIONES DE LEGADO

Construir un plan y una declaración de legado comienza con la exploración de una serie de preguntas:

- ¿En qué creo?

- ¿Cómo quiero vivir mi vida?

- ¿Cómo puedo compartir esto con mi familia?

- ¿De qué forma quiero que lo que he hecho tenga un impacto sobre otras personas?

- ¿Cómo puedo ayudar a otras personas a evitar errores similares a los que yo cometí y que se beneficien de las cosas que hice bien?

Este auto análisis requiere pasar bastantes momentos de introspección. Debes sentarte y pensar largo y tendido. Es por eso que a veces es bueno involucrar a otras generaciones en este proceso. A veces no sabemos todo por lo que hemos pasado hasta que alguien nos pregunta por ello. Cuando te dicen "¿Alguna vez te pasó esto? ¿Cómo fue? Cuéntame de tus años en la escuela, las decisiones que tomaste y por qué", te presentan con la oportunidad de reflexionar. Recordar es tanto más fácil cuando tienes a alguien con quien conversar, que te ayude a encontrar la riqueza de tu historia.

Existe un tiempo y un lugar para todo, incluido contar tus historias de vida. En muchas partes de este libro mencionamos la necesidad de realizar comunicaciones intencionales. Es necesario establecer un plan en tu mente, e incluso por escrito, respecto de cómo y cuándo compartirás estas historias. Una vez que tengas esto definido, puedes dar el siguiente paso.

Tu declaración de legado se verá y funcionará de forma muy similar a la declaración de misión de una organización. Pensar en tu propio legado como una declaración de misión puede serte útil para realizarlo. No es necesario que pienses en ti como si fueras una organización benéfica, pero ayuda a pensar en tu vida dentro de un contexto mayor, como sucede cuando escribes una declaración de misión.

Sin embargo, el hecho de que intentes capturar tu mensaje o propósito global no significa que tiene que ser largo. A la hora de crear una declaración de legado, algunas personas logran capturarlo mejor en una única oración corta, mientras que otros precisan de una página entera. No existe una forma correcta o incorrecta. Tu declaración de legado solo debe ser fiel a quién eres.

Por ejemplo, tenemos una familia cuyo legado se resume en una breve frase: "honestidad e integridad". La familia vive siguiendo esos valores centrales. Siempre que se presenta una nueva oportunidad, sea esta personal o profesional, aplican esos valores centrales (honestidad e integridad) para determinar si deben proceder y cómo. Utilizar esos dos valores como prueba les ayuda a ser fieles a sí mismos, hoy y en el futuro.

Este es un ejemplo de declaración de legado: *"Seguiré mi intuición y actuaré audazmente, porque esa es la forma más amorosa de actuar. Sólo me comprometeré a hacer cosas que pueda cumplir. Hablaré con integridad y revelaré mis sentimientos de forma honesta y rápidamente, incluso si a veces es incómodo y puede no gustarles a todos. Sólo hablaré de otras personas de una forma en la que me sentiría cómodo si estuvieran conmigo en la habitación."*

Creo que una vez que estableces un plan de legado, te ayuda a mantenerte encarrilado en tu vida. Está allí para recordarte lo que crees y lo que te has dicho a ti mismo en tus momentos más sinceros. Esto es esencial porque, como sabemos, a veces es fácil perder el rumbo en nuestras vidas. Sin importar si somos viejos o jóvenes, todos corremos el riesgo de hacer cosas que no son afines a nuestros valores centrales.

Hablar acerca de los valores que estableces en tu plan y declaración de legado y vivir acorde a ellos te ayudará a asegurarte de que perduren y tengan el efecto deseado a lo largo de tu vida. Ten en cuenta: el verdadero acto de transmitir tu legado es la comunicación continúa con tu familia mientras vives.

> **El verdadero acto de transmitir tu legado es la comunicación continúa con tu familia mientras vives.**

UNA HISTORIA SOBRE EL LEGADO: EL REGALO QUE SIGUE DANDO

Cerremos este capítulo volviendo a la familia Archer. Antes de morir, ambos genearcas crearon sus propios libros. También se esforzaron por comunicar su legado deseado a su familia. A través de sus libros, declaraciones de legado y discusiones familiares, pudieron inculcar lecciones y tradiciones importantes para la siguiente generación.

Los Archer decidieron que todos los años, durante las fiestas, le darían una determinada cantidad de dinero a la siguiente generación, otra cantidad de dinero fija a la generación más joven y una cantidad adicional predeterminada a todos los matrimonios y parejas serias. También decidieron reconocer a las familias modernas dentro de su tradición de regalos. Si los miembros de la familia se casaban con individuos con hijos de matrimonios previos, esos hijos también recibirían estos regalos.

Los Archer cumplieron las reglas que habían establecido. ¿Se mantendrían estas reglas una vez murieran?

Uno pensaría que la primera regla que se podría ignorar o pasar por alto fácilmente es la de dar estos regalos a hijos de un matrimonio previo. Uno podría racionalizarlo diciendo que esos niños no son parte de la familia.

En el caso de los Archer, una de las hijas se había casado con un hombre con tres hijos de una relación previa. La hija misma tenía un hijo con su ex esposo. Dado que la familia administraba su tradición de regalos durante las fiestas a través de nuestro proceso de planificación financiera, un día discutíamos este asunto con la hija.

—¿Le darás el regalo a los otros tres niños? —le preguntamos con Vanessa.

—Por supuesto —dijo. Es parte de nuestra tradición familiar.

Si te casas, entonces tus hijos están incluidos sin importar de dónde vienen. Si esos hijos están en relaciones comprometidas y viven con sus parejas, también estas son incluidas. Así es como lo hacemos.

Esto no era fácil para ella. Su esposo había fallecido recientemente y vivía gracias a un ingreso fijo. No sería fácil para nadie en su situación. Le aseguramos que estaba bien y que tenía lo suficiente para ella y para regalar a las generaciones futuras. Con nuestro apoyo, dejó su nerviosismo y sus preocupaciones de lado y se mantuvo fiel a sus valores.

La forma en la que describió la tradición familiar nos hizo muy felices. Recordábamos con mucho afecto a sus padres y estábamos agradecidos de que el legado que habían establecido viviera en las siguientes generaciones. Los genearcas Archer declararon su legado y se lo comunicaron abiertamente a sus hijos y nietos. Aunque ya no estén, el patrimonio y la armonía familiar perdurarán.

CAPÍTULO 7: HOJA SEPARABLE DECLARACIÓN DEL LEGADO FAMILIAR

ALGUNAS SUGERENCIAS:

- Crear sin emitir juicio;

- A mayor vulnerabilidad, más importante es la comunicación;

- No esperes. Siempre puedes actualizarla en el futuro a medida que evoluciona tu vida.

HISTORIA: CUENTA LA TUYA

Familia, niñez, educación, experiencia laboral

(Ejemplo, mis padres no pudieron acceder a la educación superior, así que era muy importante para mí poder continuar y tener éxito en esto, ayudando a otros en mi camino).

_____

_____

_____

_____

_____

_____

VALORES: ARTICULA LOS TUYOS

Familiares, sociales, de carrera, para la comunidad, espirituales

(Por ejemplo, Dios y la educación son dos componentes clave de mis valores familiares. Otro es la compasión por los demás y dar a los demás).

_____

_____

_____

_____

_____

_____

DECLARACIÓN: ESCRIBE TU DECLARACIÓN DE LEGADO

(Por ejemplo, mejorar la vida de las generaciones actuales y futuras proporcionando acceso a la educación y aconsejando a las niñas para que sean mujeres empoderadas).

_____

_____

_____

_____

_____

_____

CAPÍTULO 8

LLAMADA A LA ACCIÓN

Juntos, JR y Vanessa explican por qué es necesario que ambos esposos se formen financieramente y que cada uno tenga un rol activo en la toma de decisiones para alcanzar su mejor futuro. Puede parecer difícil entender los vericuetos de tu patrimonio y cuál es la mejor manera de manejarlo, pero con un poco de apoyo, puedes desarrollar la confianza para afianzar el futuro de tu familia. La alternativa es demasiado arriesgada. Tanto JR como Vanessa comparten sus opiniones sobre cómo y por qué responder al llamado ayuda a las familias a evitar riesgos innecesarios.

---

omo muchas otras madres, la matriarca de la familia Bates sobrevivió a su esposo. Para 2020, lo ha sobrevivido por más de veinticinco años.

Según nos contó en una reunión familiar hace poco, los primeros años luego de la muerte de su esposo, se sentía "perdida". Devastada por la pérdida y desconcertada ante los arreglos financieros de su esposo, no podía poner en orden sus activos y sus bienes.

Si bien el abogado de su esposo ayudó a resolver los asuntos más urgentes, no pudo hacer nada con los detalles que su esposo no había atendido apropiadamente. "No era necesario destinar *esta* cantidad a impuestos" o "Podríamos haber dejado *esa* póliza de seguro fuera del caudal hereditario en lugar de incluirla" decía, sacudiendo la cabeza.

Al final, su abogado estimó que la familia Bates había perdido cientos de miles de dólares que podrían haber sido preservados con un poco más de previsión y coordinación.

La matriarca Bates nunca fue una mujer que se dejara apabullar por las circunstancias, así que se dedicó a informarse sobre las finanzas de su familia. En tan solo unos años, consiguió dominar la jerga y los conceptos financieros que en otro momento le generaban miedo y rechazo.

—Lo hice por mis hijos —nos dijo, orgullosa, en esa reunión reciente—. Juré que nunca estarían tan perdidos como estuve yo el día que su padre falleció. Ese es mi legado.

Su legado es, sin duda, admirable. A lo largo de los últimos quince años, introdujo a cada uno de sus hijos en la arena financiera. Los ayudó a educarse en finanzas y los guio hasta que se volvieron participantes activos en la toma de decisiones sobre el patrimonio familiar, su distribución y su legado.

Su recorrido hacia un patrimonio familiar basado en valores no siempre fue sencillo. Como mencionamos en el capítulo 4, durante muchos años dos de sus hijos no se dirigieron la palabra. Sin embargo, a pesar de estos altibajos, ella y sus hijos hoy se encuentran en posición de sentirse seguros no sólo con su patrimonio, sino también con lo que saben sobre cómo administrarlo para la armonía presente y futura de toda la familia.

Ya ninguno de ellos toma decisiones por su cuenta. Y esta nueva inclusión eliminó toda duda o sospecha que podría haber surgido de la falta de transparencia. Ella logró que su familia diera un vuelco. Mientras que antes su esposo tomaba todas las decisiones y mantenía a su familia en la ignorancia, ahora toda su familia participa del proceso, y todos comparten el conocimiento.

Quizás el legado más profundo de la matriarca Bates sea que, cuando ella eventualmente muera, sus hijos y sus nietos no tengan que pasar por la misma confusión que ella como resultado de la falta de comunicación. Gracias a sus esfuerzos considerados, esas emociones serán, en cambio, de gratitud. La siguiente generación sabrá qué hacer porque ya lo están haciendo.

Escribimos este libro con el propósito de que sirva como un llamado a la acción para las familias y la industria de la administración patrimonial. En este último capítulo, apelaremos directamente a la necesidad, como miembros de una familia y profesionales de la industria, de hacernos cargo del proceso de planificación del patrimonio familiar y hacerlo ya.

LA PERSPECTIVA DE JR: LOS VALORES FAMILIARES DESDE LA PERSPECTIVA DE UN PADRE

Actualmente, vivimos en un mundo nuevo. Ha habido muchos cambios en la sociedad en el transcurso de apenas algunas generaciones. Las dinámicas familiares están cambiando. En muchos casos, por primera vez, los padres ya no son los principales proveedores ni los únicos que toman las decisiones en su familia. Esto significa que la forma en que las familias y la industria financiera en general administran los patrimonios también debe cambiar. No podemos seguir aceptando lo establecido.

Los cambios que han llegado a las familias son positivos. A través de la conversación con familias durante años, vemos que es mucha más la gente que está mejor preparada para hacer las cosas de una manera nueva y no a la vieja usanza.

La vieja usanza, en general, implicaba que los padres salían, trabajaban y ganaban dinero para sostener económicamente a la familia. Viajaban mucho y se perdían juegos de béisbol, recitales de ballet y cenas familiares. Muchos padres con quienes hablamos (especialmente aquellos que son mayores y están en un momento de la vida en que se encuentran rememorando su juventud) lamentan no haber estado presentes para sus familias durante los años de actividad laboral. En retrospectiva, se dan cuenta de que les hubiera gustado estar ahí.

Afortunadamente, el rol de padre hoy puede estar más equilibrado. Por supuesto, tenemos que ganar dinero y ayudar a sostener a la familia, pero muchos de nosotros también tenemos un papel activo en el cuidado y la crianza de nuestros hijos. En muchas familias, esto va de la mano con madres en el rol de sostén secundario o principal. Según el Centro de Investigaciones Pew, hoy en día, en Estados Unidos, en cuatro de cada diez hogares la madre ocupa el rol de único sostén o sostén principal de la familia, un porcentaje que es cuatro veces mayor que en 1960.[7]

Hoy en día observamos en muchos hogares que la dinámica y el objetivo general es el de encontrar un equilibrio

---

7   Catherine Rampell, "U.S. Women on the Rise as Family Breadwinner," *New York Times*, 29 de mayo de 2013, https://www.nytimes.com/2013/05/30/business/economy/women-as-family-breadwinner-on-the-rise-study-says.html.

mutuo. Los padres se dividen entre el trabajo duro y estar presentes en el hogar para invertir tiempo en sus hijos, no sólo financieramente, sino también para compartir sus valores y su legado. Las madres se dividen entre las responsabilidades del cuidado de los hijos y sus carreras, incluidos roles que alguna vez fueron dominio exclusivo de los hombres.

Si aún existen personas que se aferran a las viejas costumbres, donde los patriarcas tomaban todas las decisiones exclusivamente sin compartir la información hasta que era demasiado tarde, solo puedo preguntar *¿por qué?*

No es difícil notar que, junto con roles más equilibrados y responsabilidades familiares compartidas, las familias deberían crear un proceso unificado de planificación y toma de decisiones de administración patrimonial.

Como padres, hemos adoptado exitosamente este equilibrio en otros aspectos de nuestras vidas. Hagámoslo también cuando se trata de la forma en la que ayudamos a nuestra familia a proteger su valor y administrar su patrimonio.

LA PERSPECTIVA DE VANESSA: LOS VALORES FAMILIARES DESDE LA PERSPECTIVA DE UNA MADRE

Como madres, nuestra naturaleza siempre ha sido cuidar a nuestros esposos e hijos. No se habla mucho de la alternativa. Esto implica que muchas de nosotras sentimos vergüenza por tener otras prioridades u otros roles y tendemos a sentir una permanente *culpa de madre*. "¿Estoy haciendo suficiente por mi familia? ¿Debería pasar más tiempo con ellos? ¿Hay algo más que pueda hacer?"

A veces llegamos al punto de quiebre. Eso se debe a que las madres que trabajan tienen un trabajo como cualquier otro, pero el trabajo no termina ahí. Volvemos a casa y tenemos niños y tenemos que seguir activas. No hay descanso. No hay ningún "Déjame ir a casa y descansar y ver televisión un rato". Tenemos que seguir. Sentimos que el tiempo que estamos en casa tiene que ser tiempo de calidad con la familia. Nos sentimos culpables deseando otra cosa.

Como madres que operan en una nueva era, todavía estamos aprendiendo tanto individual como colectivamente cómo lidiar con la culpa de madre. Sobrellevar esta culpa es difícil porque está arraigada en nuestra cultura.

En otra época, era común que las mujeres les dijeran a sus esposos que volvían tarde del trabajo: "Ojalá no tuvieras que trabajar horas extra, así podrías pasar más tiempo con nosotros". O "Desearía que no tuvieras tal obligación, porque así podríamos hacer esto otro".

¿La respuesta clásica? "Sí, pero estoy trabajando por la familia. Es por el bien de todos. Lo estoy haciendo para que tengamos suficiente cuando seamos viejos. Estaremos cubiertos y no tendremos de qué preocuparnos".

Este tipo de conversaciones resulta familiar. La negociación constante es a lo que estamos acostumbrados. Las madres solían estar de acuerdo y le explicaban a los niños que estaba bien que tuvieran que esperar a que papá volviera. En la situación inversa —una madre que trabaja y un padre que tiene más responsabilidad dentro del hogar— es más difícil que las mujeres digamos "Bueno, trabajo duro para darles el mejor futuro posible". Es posible que suene raro. Durante décadas, nuestra cultura nos ha condicionado para que heredemos un legado de cocinar, limpiar y cuidar a los niños y nada más.

A pesar de que los roles han cambiado, muchas madres se encuentran en conflicto a la hora de dejar ir la culpa y siguen aferrándose a estas viejas expectativas, lo cual hace imposible que se comprometan de lleno con las nuevas, como compartir el liderazgo en las decisiones financieras de la familia.

No obstante la realidad actual es esta: Quien sea que tenga la oportunidad de ser el sostén principal puede hacerlo. Está bien que los padres les expliquen a sus hijos que quizás tengan que esperar a que mamá vuelva de una reunión. Cada miembro de la familia debería tener un rol activo en la coordinación de su vida como familia, y eso incluye las decisiones financieras.

Es aquí que podemos marcar la diferencia como mujeres que participan en la planificación de los valores familiares. Podemos dar un paso adelante y decir "En aquel entonces, tú conseguías el dinero y yo lo administraba. Ahora que compartimos la responsabilidad de conseguir dinero, compartamos también la toma de decisiones. Compartamos la responsabilidad de entender realmente y planificar para cuidar el futuro de nuestra familia y nuestro patrimonio". No importa quién gana más ni si sólo uno de nosotros tiene un sueldo, ambos estamos generando patrimonio. Esto se trata de compartir experiencias y tomar decisiones juntos. Las decisiones sobre el patrimonio y el futuro deben tomarse colaborativamente por el bien de la familia y para proteger los valores del patrimonio familiar.

Si tú, como otras mujeres, dices "esto es mucho para mí. Sencillamente dejo que él se ocupe. Cuéntame a grandes rasgos, ya veré el resto más adelante" quiero que sepas que no estás sola. Es probable que te hayan dicho muchas veces que las mujeres "no lo vamos a entender, así que no tiene sentido preocuparnos por ello", pero eso es mentira, y seguir sosteniendo esa lógica no ayuda a nadie. Ya no hay tiempo para eso.

Y la verdad es que no es tan difícil. Tienes la posibilidad de sentarte y permitir que un experto financiero te explique tus finanzas, y es una de las cosas más importantes que puedes hacer para garantizar el bienestar de tu familia. Todos podemos bajar la guardia, mostrarnos vulnerables y permitirnos aprender, y siempre vale la pena hacerlo.

Compartir la toma de decisiones y la responsabilidad de proveer también puede ser muy gratificante, como has visto en los capítulos anteriores. Lo hemos demostrado a lo largo de este libro. Tomar la decisión de hacer algo para formarte es un primer paso importante, pero es uno que puedes dar hoy y beneficiarte.

Esperar sólo conlleva más riesgo. Hazlo y luego ayuda a

otro miembro de la familia a que haga lo mismo.

Si estás en tus treinta o cuarenta, por ejemplo, y tu madre tiene setenta y aún no le ha preguntado a tu padre por sus asuntos financieros, ahora es el momento de decirle: "mamá, tienes que involucrarte. Déjame que te ayude".

Todos necesitamos ayuda a veces. Las mujeres la necesitan de otras mujeres u hombres que quieran compartir y ayudar. Todos tenemos distintas personalidades y nos sirven distintos tipos de ayuda. Quizás necesitas a esa hija fuerte a tu lado que pueda decir "No, vamos a hablar con papá de esto ahora. Necesitamos poner esto sobre la mesa. Tiene que ser compartido. Necesitamos entender qué pasa después".

No tengas pena. No tengas miedo. No tengas culpa. No pienses dos veces a la hora de pedir ayuda. Todo el mundo se siente intimidado en un principio, y aprender lleva tiempo, pero ahora es el momento.

Desarrollen un plan patrimonial exhaustivo juntos. Hagan una revisión de su caudal hereditario, sus activos y su legado. Busquen un socio de administración patrimonial en quien confíen, que comprenda la dinámica de su familia y que trabaje en favor de lo que es mejor para ustedes.

Hemos repetido de muchas maneras a lo largo de este libro nuestro mensaje de inclusión, transparencia y colaboración. Ahora es tu oportunidad de ponerlo en práctica con tu familia.

En esta última parte, explicaremos por qué debes comenzar este camino ahora, tomando la decisión de ponerte manos a la obra como la señora Bates luego de la muerte de su esposo. Puedes formarte en finanzas, empezando hoy.

EMPODERAR A NUESTROS CLIENTES PARA QUE DESARROLLEN UNA FORMACIÓN EN FINANZAS

Nos ocupamos de asesorar a nuestros clientes constantemente para poder hacer más por ellos. Debemos estar al tanto de todas las opciones disponibles para poder tomar la mejor decisión posible para nosotros y nuestras familias.

A la hora de asesorar a las familias, comenzamos compartiendo nuestra definición de patrimonio y las formas en que los valores familiares pueden estar en riesgo, que es lo que hemos compartido con ustedes en las páginas anteriores.

Lo más importante de nuestro mensaje es la redefinición de patrimonio. ¿Por qué? Porque una vez que los clientes comprenden que nuestro enfoque es inclusivo y centrado en lo familiar, nos es más sencillo tomar decisiones en conjunto.

Para cerrar este llamado a la acción, les daremos un ejemplo de por qué tener un rol activo en tu educación financiera es tan importante.

Recientemente, JR y yo estábamos en una fiesta de inauguración de la casa de un cliente en Florida. Mientras socializábamos, hablamos con una pareja joven que nos preguntó a qué nos dedicamos.

Cuando les comentamos que somos asesores financieros, la esposa dijo algo que ya escuchamos otras veces, pero sigue sorprendiéndonos: "¿Asesores financieros? Es decir que viajan todo el tiempo, recorren el mundo, trabajan desde la playa, ¿ese tipo de cosas?"

Para muchas personas, el asesor típico es alguien que gana su dinero gracias al dinero de los demás y trabaja poco.

Nos dio curiosidad saber por qué tenía esa impresión. Nos respondió: —Porque sigo a mi asesor en redes sociales y cada semana está esquiando en Aspen o jugando al golf en Hawái.

—Bien, ¿así que lo llamas seguido para estar al tanto de lo que hace por ti? —le preguntamos.

Esto pareció sorprenderla. —¿Debería? —respondió—. Solemos esperar a la revisión anual para repasar todo.

—¿Qué repasan durante la revisión anual?

—Bueno —dijo—. Repasamos un documento de unas cincuenta páginas, con números, listas de porcentajes y tablas.

—¿Lo entiendes?

—No entiendo hasta el último detalle, pero mi asesor está muy pendiente —respondió.

—Él es fantástico —agregó el esposo—. Después de nuestra última reunión nos fuimos con la impresión de que nuestro dinero ha tenido un rendimiento total genial año tras año.

Hemos tenido muchas conversaciones como esta. Comenzamos hablando de inversiones y rendimiento. Hacia el final de las conversaciones, solemos profundizar para que las personas comprendan de qué forma sus inversiones se relacionan con su patrimonio total en una forma mucho más holística e inclusiva. Esta comprensión más profunda e inclusiva permite a los clientes realizar preguntas más detalladas y deliberadas para su familia y su futuro.

Con esta pareja en particular, Vanessa fue un poco más allá y preguntó algo esencial que la mayoría de las personas jóvenes no consideran: —¿Han preparado sus testamentos y dispuesto su fideicomiso?

Pestañearon sorprendidos. —Aunque sea un testamento sencillo, es algo que toda familia debe tener —les explicó—. Hemos visto incontables situaciones en las que una familia no comprendió la importancia de los testamentos hasta que fue demasiado tarde.

—Sé que son jóvenes —dijo Vanessa—. Yo también. JR también. Eso no nos protege de salir a la calle y ser atropellados por un automóvil. Y, en nuestros casos, tenemos hijos. ¿Qué sucederá con su familia en esa situación?

Después de pasar una hora con la pareja, hablamos de activos de negocios, cuentas de ahorros universitarias, cuentas individuales de retiros, cómo armar una declaración de patrimonio neto, aspiraciones benéficas y potenciales donaciones futuras, todos temas de los que nunca habían hablado con su asesor financiero.

Después de una pausa, la esposa dijo: —Me sorprende que no hablemos de estas cosas con nuestro asesor.

Aunque sus comentarios eran preocupantes, no nos sorprendieron. Muchas veces, las familias no saben qué preguntar o sienten que no conviene complicar las cosas. Alentamos a todos a que busquen ayuda para determinar si deberían hacer ciertas preguntas o enfocarse en determinados problemas. Siéntanse empoderados para aprender, comprenderlos y enfrentarlos.

JR asintió: —Escuchamos eso seguido cuando hablamos con clientes nuevos, pero, por definición, los consejos financieros deberían abarcar todos los aspectos financieros, por tu familia, hoy y mañana. Algunas situaciones parecen más bien personales, pero, si hay dinero involucrado, también son financieras. Eso significa que tu asesor también puede y debe opinar sobre ellas. Si te encuentras en una concesionaria de automóviles o hablas con un agente inmobiliario. Si tus padres se encuentran en el hospital o planificas cuidados paliativos. Dado que se relacionan con tu bienestar y tu patrimonio, tu asesor debería ayudarte para que tomes las decisiones más informadas posibles para asegurar el mejor futuro para tu familia.

Esa conversación fue una oportunidad para que la pareja repiense su enfoque frente al patrimonio, para estar un paso adelante de la gran cantidad de riesgos que están presentes en el enfoque típico de nuestra sociedad.

Como industria y como miembros conscientes de una familia,

ahora se nos insta a actuar mejor para nuestros futuros. Respondamos al desafío.

CONCLUSIÓN

"No solo recordemos el pasado y el sacrificio requerido,
sino también recordemos que somos responsables de
construir un legado para las generaciones venideras".
—Thomas S. Monson

L os legados pueden variar tanto como las familias que los construyen. Sin embargo, existe un común denominador para asegurarse de lograr una construcción exitosa: construir un legado requiere responsabilidad. Debes asumir como tu responsabilidad construir vías de comunicación intencionales entre cónyuges y las generaciones en donde las conversaciones fluyan desde ambas partes.

Puede que, al comienzo, aceptar tu responsabilidad parezca difícil, pero, una vez que tu proceso de planificación esté en marcha, tendrás una mejor oportunidad para proteger tus valores familiares frente al riesgo.

Cuando los cónyuges comparten la responsabilidad y el manejo de las decisiones que involucran a la administración patrimonial general tienden a tomar decisiones más informadas que, a largo plazo, brindan mejores resultados para su bienestar e intereses.

Como hemos sugerido, incluir a los hijos y a cualquier otra persona que vaya a ser afectada por tu patrimonio y legado en conversaciones financieras claras y honestas puede ser clave para transferir exitosamente tu legado. Ese enfoque se extiende a cómo formamos nuestro equipo de servicios dirigido al cliente: asignamos a cada familia un equipo de asesores que, en la mayoría de los casos, está compuesto de un hombre y una mujer, a menudo de edades diferentes, para ayudar a reflejar los hogares multigeneracionales de nuestros clientes. Esta estructura de equipo ayuda a cultivar transparencia e inclusión.

Consideramos que abordar cada situación con una perspectiva inclusiva nos ayuda a obtener un panorama completo de las dinámicas familiares y mejora nuestra capacidad para atender mejor a cada familia con la que trabajamos.

Ahora que estás listo para embarcarte en un viaje para proteger el valor familiar frente a los riesgos, quizás te preguntes dónde comenzar. Aquí tienes tres ideas principales que hemos cubierto en este libro y que pueden ayudarte a encauzar tu planificación y las conversaciones en torno a ello:

- El patrimonio familiar es más que dinero.

- La planificación patrimonial colaborativa e inclusiva es clave para tu éxito.

- Las conversaciones multigeneracionales crean legados duraderos.

EL PATRIMONIO FAMILIAR ES MÁS QUE DINERO

Si bien tú y tu pareja pueden haber organizado sus planes financieros habiendo considerado todos sus activos, ¿se han preguntado acerca de la moral y los valores asociados con esos activos? ¿Están seguros de que una vez que esos activos pasen a sus hijos y a los hijos de sus hijos comprenderán todo lo que costó adquirirlos y la responsabilidad que conlleva administrarlos? ¿Sabrán las expectativas que ustedes tenían para ellos?

Para mantener el patrimonio que construyeron, debes poder responder estas preguntas y más. Piensa en el significado de tu dinero y cómo se lo transmitirás a tus hijos y nietos.

LA PLANIFICACIÓN PATRIMONIAL COLABORATIVA E INCLUSIVA ES CLAVE PARA TU ÉXITO

Para ser exitoso, los planes financieros no se pueden crear en un vacío. Deben crearse en equipo; este puede incluir a los genearcas, los cónyuges, los cofiduciarios, los creadores del patrimonio y los asesores financieros.

Facilitar este proceso también debe ser un trabajo de equipo. Con esto en mente, hemos descubierto que la dinámica mujer-hombre representada en nuestros equipos de asesores ayuda a respaldar a las familias a las que servimos y a mejorar los resultados.

Desde las reuniones en salas de juntas hasta las reuniones familiares, el mundo está comenzando a comprender el valor de las actitudes inclusivas, especialmente cuando se trata de tomar decisiones importantes. Las mujeres y los hombres piensan de forma diferente y ambas perspectivas suman a la conversación. Es por eso que necesitamos más asesoras mujeres y más mujeres de las familias involucradas en el proceso de planificación financiera. La comunicación colaborativa siempre va a dar resultados mejores y más equilibrados. Además de sumar más mujeres a la conversación, también debemos hacer un esfuerzo marcado para involucrar a las otras generaciones.

LAS CONVERSACIONES MULTIGENERACIONALES CREAN LEGADOS DURADEROS

Imagínate a uno de tus nietos, presente o futuro, hablando desde el podio durante su graduación. En su discurso comparte elocuentemente los valores familiares. Imagínate los sentimientos de orgullo y de triunfo que tendrías viendo a tu nieto dar sus primeros pasos para hacerse cargo de su futuro y continuar con el legado familiar.

Si bien creemos que dar el ejemplo es crucial para generar un impacto en las generaciones más jóvenes, hemos aprendido que hay mucho poder detrás de también mantener conversaciones sobre tus valores familiares. Llegar a ese momento de orgullo al escuchar el discurso de tu nieto requerirá muchos años de comunicación intencional, pero la recompensa es incalculable.

De más está decir que la conversación tiene que ser de ambas partes. Tú también debes comprender desde dónde hablan tus hijos y nietos, cuáles son sus situaciones financieras actuales y cuáles son sus objetivos para el futuro. Solo entonces podrás crear un plan que preserve el valor familiar durante generaciones. Tener reuniones familiares, un momento reservado para compartir aprendizajes prácticos y emocionales, permitirá que esa comunicación fluya de dos formas: hacia las nuevas generaciones y hacia los genearcas.

EDUCACIÓN FINANCIERA: SIMPLIFICANDO LO COMPLICADO

Con esos conceptos en mente, es hora de volcarnos a lo práctico. No puedes progresar si no estás seguro de cómo avanzar. Sin importar su nivel educativo o experiencia, las familias tienden a paralizarse cuando llega el momento de tomar decisiones financieras complicadas. Es de esperar que esto suceda.

Para contrarrestar cualquier complejidad puedes simplificarla tanto como sea posible, pero es necesario que lo hagas solo. Un buen asesor financiero debería simplificar los planes complejos y transformarlos en un conjunto de decisiones simples al tiempo que se asegura de que todos lo comprendan. Recuerda, *todos* implica todos los géneros y todas las generaciones involucradas. Si hay alguien cuya voz debería ser escuchada, asegúrate de incluir a esa persona en la conversación.

Puedes utilizar algunas herramientas para ayudarte a mantener las cosas simples, como un balance de patrimonio neto de una página, como hemos descripto en el capítulo 5. Este balance de patrimonio neto de una sola página puede ser mucho más eficiente que documentos de cincuenta o cien páginas como los que suelen preparar muchos asesores.

Sin embargo, para simplificar realmente, debes mantener la transparencia además de cultivar la educación financiera y mantener las cosas simples.

TOMAR MEDIDAS: TRES HERRAMIENTAS PARA AYUDARTE A PREVENIR EL RIESGO DE LOS VALORES FAMILIARES

En aras de la simplicidad, repasaremos las medidas que ameritan tu atención inmediatamente. Si aún no has utilizado las hojas separables, te asesoraremos sobre en qué enfocarte para que puedas comenzar hoy a garantizar la seguridad financiera y así cultivar la paz mental.

1. Crear y/o revisar juntos su plan patrimonial.

2. Construir un balance patrimonial neto.

3. Desarrollar tu plan de legado.

1. CREAR Y/O REVISAR JUNTOS SU PLAN PATRIMONIAL

Puede que sientas que todo está bien. Sin embargo, a menudo, eso se debe a que es más fácil decir que todo está bien antes que tomar medidas para resolver tu situación. ¿Cuántas veces has asistido a reuniones o fiestas en donde la gente te pregunta cómo estás?

Sin importar cómo te sientas realmente, seguramente tu respuesta típica sea "Bien". En una conversación con un colega fuera de tu departamento o en una fiesta con personas con quienes no hablas a menudo, es posible que esa respuesta sea suficiente. Sin embargo, con tu asesor financiero debes ser un poco más específico.

Existe una necesidad real de enfocarse en los detalles. Por ejemplo, hemos demostrado una y otra vez que los eventos de la vida diaria pueden y tienen un impacto sobre tus intenciones patrimoniales. Saber qué sucede en tu cabeza y en tu vida nos ayuda a determinar cuándo es tiempo de revisar tu fideicomiso y hacer actualizaciones que pueden marcar una diferencia tremenda sobre cuánto heredarán tus personas amadas.

¿Cuándo será el momento indicado para pedirle a tu asesor que revisen tu plan patrimonial e incorporarlo a tus objetivos generales? Apenas termines de leer este libro.

Y, dado que realmente has comprendido nuestro mensaje, sabes que tu cónyuge debe ser la primera persona incluida en la planificación. Discutir sus planes patrimoniales y de herencia juntos facilita el proceso cuando llega el momento de compartirlo con toda la familia. Y cuando tú y tu pareja estén listos para compartir el plan con sus herederos, tendrán la oportunidad de contemplar los recuerdos invaluables de lo que crearon juntos.

2. CONSTRUIR UN BALANCE PATRIMONIAL NETO FAMILIAR

Hoy en día, la vida se mueve a velocidades vertiginosas. Suceden demasiadas cosas a nuestro alrededor como para recordar con quién invertiste dinero, en qué invertiste dinero, cuántas pólizas de seguro tienes, las tasas de hipotecas sobre propiedades residenciales o de inversión y más. Documentar todo en un solo lugar hace que sea mucho más fácil llevar un registro.

Es posible que, al escuchar esto, pienses respecto de completar tu balance patrimonial neto de una de dos formas:

- Esto tiene sentido. Realmente necesitamos sentarnos y completar esta hoja separable.

- Yo no tengo ese problema porque no tengo todos esos activos. Lo haré cuando tenga más cosas a las que pegarles el ojo.

Para aquellos de ustedes que piensan que no tienen lo suficiente como para completar una hoja, ni hablar de un resumen de cincuenta páginas, la realidad es que aun así deben hacer esto. Aun así deben llevar un registro de todos los detalles financieros de su vida. Sus 401(k) u otro plan de retiro del trabajo, las pólizas de seguro (incluidas las de vida, su hogar y su automóvil) y de aquellos otros factores que tienden a descansar en partes recónditas de nuestra mente, todos tienen que estar en tu hoja.

Así que es hora de actuar. Ve al final del capítulo 5 y comienza a completar tu balance patrimonial neto ahora. Te sentirás aliviado apenas lo completes.

3. DESARROLLAR TU PLAN PATRIMONIAL

Existen muchas formas de desarrollar el plan patrimonial de tu familia. Creamos un proceso corto de tres pasos que puede servirte como guía.

Primero, considera tu historia. Recuerda tu niñez, la vida con tus padres, tu educación, tu carrera y tu vida familiar. Hay muchas historias que saldrán a la luz y este es un buen momento para escribirlas.

Es divertido mirar hacia atrás, a todo lo que has vivido, y encontrar la conexión entre los momentos más significativos que te han hecho quien eres y todo lo que has conseguido. Quizás cuando recibiste tu primer ascenso en el trabajo también estabas por tener a tu primer bebé. Esas historias son maravillosas para compartirlas con tu familia, demuestran de dónde vienes y todo lo que has pasado. Estos detalles te ayudarán a crear un plan patrimonial más adelante.

El siguiente paso es hacer un inventario de tus valores. Debes pensar en qué experiencias han sobresalido para ti como individuo, o para ustedes como familia, y cómo esas experiencias han marcado tu vida y se han manifestado en tus acciones. Un ejemplo es la historia de JR: su hijo más joven nació con un defecto en el corazón y la experiencia de navegar esa época difícil encendió la llama de un legado de generosidad. Ahora, él y su familia dedican su tiempo, su energía y sus activos financieros para concientizar y ayudar a otras familias que están viviendo situaciones similares.

El último paso de este proceso es encontrar la conexión entre lo que has escrito sobre tu historia y los valores que sostienes, incluidas la moral, las creencias y las causas que tu familia valora. Como leímos en la historia de Vanessa sobre su hija señalando su éxito y no su suerte, es importante comunicar con sensatez e intención. Crea estas conexiones con tus hijos y nietos y cuenta estas historias en reuniones familiares planificadas. Permite que tu familia comparta sus ideas y sentimientos acerca de qué significa este legado para ellos.

Ahora tienes un plan: has retrocedido en el tiempo y sabes qué quieres compartir y has creado conexiones con tu familia. Es la hora de la reunión familiar para compartir historias y emociones. También es posible que, a veces, te encuentres con una o dos oraciones que pueden convertirse en la declaración de legado de tu familia. Otras veces puede que sean una o dos páginas. Todo depende de tu estilo: más no significa mejor y corto no significa peor. El punto es que responde a tus circunstancias únicas, y esas no se parecen a las de nadie más.

LLEVANDO NUESTRO ENFOQUE FVR FUERA DE LA TINTA Y HACIA EL MUNDO

En estas páginas has tenido la oportunidad de comprender mejor nuestro enfoque FVR, o Valores familiares en riesgo, frente a la administración patrimonial. Nos esforzamos por ser más inclusivos, para considerar el patrimonio completo de una familia, material y no material, a lo largo de múltiples generaciones. A lo largo de los años, hemos visto cómo nuestro enfoque ayuda a las familias a tomar las mejores decisiones posibles para sí mismas y para los miembros de la familia que aún están por venir.

Ahora comprendes la importancia de enfocarte en los rendimientos patrimoniales generales en vez de solo en los rendimientos del capital invertido (ROI, por sus siglas en inglés). Sabes que la práctica común de limitar el alcance solo a esos rendimientos de capital invertido y sus comisiones no resulta en el tipo de valor que la mayoría de las familias están buscando. Sabes que el pilar de los asesores tradicionales (que mientras más alto el ROI y menor la comisión, mejor la inversión) no siempre es la solución. No tiene en cuenta todos los elementos que componen el valor completo de una familia, que incluye sus activos, su caudal hereditario y, quizás lo más importante, su legado.

Y ahora tienes las herramientas para comenzar el camino que

preserve el valor familiar para ti, tus hijos y más allá. Si todavía no las tienes, repasa las *lecciones aprendidas* y las *hojas separables* al final de cada capítulo. Una vez que comprendas mejor el estado del patrimonio actual de tu familia, considera quién puede ayudarte mejor a alcanzar tus objetivos.

Una firma de asesoramiento enfocada en los valores familiares ayuda a las familias a ver más allá del rendimiento del capital invertido para enfocarse en el rendimiento patrimonial general. La prioridad debe ser la capacidad de la familia de transferir los activos, el caudal hereditario y el legado para que el valor fluya de una generación a la siguiente. Al tomar este enfoque a largo plazo, las familias pueden evitar el riesgo de la disminución del patrimonio cuando se traspasa a las generaciones futuras.

Esperamos haberte ayudado a comprender mejor tus objetivos para tu caudal hereditario, tus activos y tu legado, así como la mejor manera de alcanzarlos. A su vez, nos has ayudado a cumplir uno de nuestros objetivos más importantes: compartir nuestra experiencia con una audiencia más amplia que pueda beneficiarse del conocimiento que obtuvimos guiando a familias como la tuya hacia el tipo futuro que desean. Es nuestro más sincero deseo que tu familia se beneficie de estos principios para proteger y traspasar más del legado de tu familia con menos riesgos. Deseamos que puedas cerrar este libro no solo sabiendo que existen herramientas que pueden ayudarte a evitar tener tus valores familiares en riesgo, sino principalmente sabiendo que la mejor herramienta reside dentro de tí. Comunícate con tu familia; quieren oírte y es tu responsabilidad compartir. Y si necesitas un poco de ayuda, sabes que siempre estamos aquí.

.

www.ingramcontent.com/pod-product-compliance
Lightning Source LLC
Chambersburg PA
CBHW060745100426
42813CB00032B/3399/J